BLACK SWAN 黑天鹅图书

为 人 生 提 供 领 跑 世 界 的 力 量

BLACK SWAN

改革
新经济政策向何处去

王尔德◎著

上海财经大学出版社

图书在版编目（CIP）数据

改革：新经济政策向何处去/王尔德著.—上海：上海财经大学出版社，2013.11

ISBN 978-7-5642-1782-2/F.1782

Ⅰ.①改… Ⅱ.①王… Ⅲ.①中国经济－经济政策－研究 Ⅳ.①F120

中国版本图书馆CIP数据核字（2013）第271211号

□ 责任编辑 黄 磊
□ 特约监制 魏 玲 王文彬
□ 特约编辑 胡瑞婷
□ 装帧设计 红杉林文化

改革：新经济政策向何处去

王尔德 著

上海财经大学出版社出版发行

（上海市武东路321号乙 邮编 200434）

网址：http://www.sufep.com

电子邮箱：webmaster@sufep.com

全国新华书店经销

北京慧美印刷有限公司

2014年1月第1版 2014年1月第1次印刷

760mm×1050mm 1/16 18印张 240千字

定价：45.00元

>>>>>>>>>目录

第二章 改革进程

第三章 全面改革

序一

一窥改革之艰难

张国宝（国家发改委原副主任、国家能源局原局长）

《21世纪经济报道》的王尔德是我任十一届全国政协经济委员会副主任时接受过采访的一位记者。他经常到“两会”来采访，尽管有时他提的问题比较敏感，作为在职官员，对涉及将要出台的政策、价格调整意见等暂时还不便披露而难以回答，但他的执着、敬业给我留下了深刻的印象。在长期的记者生涯中，他已能敏锐地抓住一些新闻热点。

在职官员中有不少人不愿和媒体打交道。据我了解，不是这些官员怕回答记者的问题，而是更担心记者不能准确把握他所讲的内容和传递的信息。记者的访谈发表出来，专业术语弄错、表达的观点被曲解是常有的事，有些内容成了舆论炒作的热点问题。这也许是媒体所希望看到的效果，但这是官员不希望发生的事情。在媒体竞争越来越激烈的形势下，为了吸引眼球，有时还被冠以“独家采访”，或断章取义赋以耸人听闻的标题。客观公正应是新闻道德的核心。

王尔德是一个诚实的记者，发表前充分征求和尊重被采访人的修改意见，因此能准确反映被采访人的所思所想。《21世纪经济报道》有时会被官员当作体制外的媒体，不像主流媒体容易采访到关键人物，王尔德是靠诚实的职业道德赢得了信任。

如何让被采访人充分表达出他的观点、意见，挖掘新闻内容，不只取决于被采访人的水平，可能更重要的是采访人的技巧和水平。记者本人对时事新闻的深刻理解和敏锐观察，适当的问题和归纳整理，才能引导被采访人讲出最精彩的内容。吸引眼球不能靠标新立异，而要靠思想性、客观性、新闻性，还要靠记者的敬业、大量资讯的掌握和对问题的深刻把握。

王尔德采访过许多名人、政要，特别专注于我国经济领域的改革和发展，他将采访实录编辑成书，从一个侧面反映出了我国改革开放的艰难历程和各种思想的碰撞、争论，其中不乏重要史实和精彩篇章。许多访谈的精彩内容有很强的可读性。

2013年11月9日至12日，十八届三中全会召开，这是距十一届三中全会35年的又一次以改革为重要内容的会议！舆论焦点关注如何释放改革红利，继续中国经济的发展奇迹。王尔德以改革为主线的访谈实录当然反映的只是被采访人和记者的个人观点和关注点，不代表官方意见，访谈中所述内容也会有不同意见，但被采访人都是在改革道路上执掌一方工作的官员或重要的参与者、智囊团成员，从中可以使大家一窥走过的改革之路，以及各种看法意见的冲折。

谨此祝贺王尔德的《改革：新经济政策向何处去》出版。

序二

以智识参与改革进程

郑永年（新加坡国立大学东亚研究所所长）

这些年来，我一直致力于中国改革的研究与思考。中国改革，无疑是过去五年和未来五年最受人关注的全球性公共议题。作为世界第二大经济体，中国下一步怎么改革，这不仅涉及中国往何处去的重大命题，还将深刻影响到未来全球的政经格局。

今天的中国处于一个重要的十字路口。无论是2020年达到简称“小康社会”的目标，还是2030年完成工业化的任务，当下的改革路径都具有决定性作用。然而，关于中国怎么改革，无论是国内还是国际社会，众说纷纭。

因此，我在中国内地出版了一系列关于改革的读物。在我的研究过程中，我也经常关注媒体关于改革议题的分析与讨论，其中的一些文章也是我的鲜活研究素材，并给了我不少新鲜的思路刺激。

在这个过程中，我也结识了不少关注改革的年轻的时政记者。其中，王尔德是让我印象深刻的一位年轻朋友。在我和王尔德第一次见面的场合，东方出版社的出版人许剑秋先生曾经说，王尔德和他都是学法律出身，所以对我提出的改革框架与路径，理解起来很容易，并容易形成共鸣。

事实证明，这种判断是正确的。在接下来我与王尔德的访谈中，这种判断得到了印证。我们就改革的话题做过多次访谈，有时是电话采访，有时是面谈。他的法学专业背景，以及缜密的逻辑思维，让我们的交流和合作都很愉快，很多时候有一种相互启迪的意味。也许，这也就是人们所说的采访与受访相互助益的共赢局面。

直到他把他的书稿《改革：新经济政策向何处去》发给我时，我才发现，他在过去三年里竟然做了如此丰富的改革访谈记录，主题不仅包括政治改革和经济改革，还涉及社会改革、文化创新以及国际关系等多个领域。

难能可贵的是，他的采访对象除了经常在媒体露面的学者以外，还有一大批现行体制内部的官员。

王尔德采访了多位部级官员，想必是费了很多常人看不到的周折，好在功不唐捐。这样一种不屈不挠、不卑不亢的采访经历，我相信，将成为这个年轻人生命中的一笔宝贵财富。在这样一个社会浮躁、媒体更浮躁的时代，逼近核心消息源的政经访谈，也为我们留下了很重要的时代档案。

2013年11月9日至12日，中共十八届三中全会召开，一轮波澜壮阔的新改革已经开始。无论是对研究政治的学者，还是对报道时政的记者来说，这都是一次难得的历史机遇。我们不仅是改革的见证者，更要以自己的智识参与甚至塑造改革的历史进程。

因此，我愿意与王尔德有更多的合作，也期待他能做出更多关于改革的出色访谈。

>>>>>>>>>序三

“幸福”竟如此简单

范必（国务院研究室综合研究司副司长）

王尔德是市场化媒体中为数不多的、专注于改革的著名记者。拿到他发给我的《改革：新经济政策向何处去》电子版之后，便迫不及待地一口气将它读完。书中汇集了他自2010年以来就改革问题对一些国内外著名专家的采访录。通过亲历者的叙述，我们看到了改革决策历程的艰难曲折。很多在一线工作的学者、官员向读者介绍了改革面临的机遇和挑战，其中既有对改革高屋建瓴的真知灼见，也有很多富有操作性的政策建议。

这些采访中，尤以2012年11月党的“十八大”召开以后的篇目为多。在这次历史性会议上，中央对全面深化改革做出了进一步部署。紧接着，在2012年年底召开的全国综合配套改革试点工作座谈会上，时任国务院副总理的李克强在讲话中首次提出“改革是中国最大的红利”，被部分网友评为年内“最令人鼓舞的语录”。“改革红利说”自此响彻了中国，并在国际上引起了广泛关注。

一年来，从中央到地方，从学界到商界，从国内到国外，各界有识之士对改革抱以极大的热忱和期许。值得欣慰的是，2013年11月9日至12日召开的党的十八届三中全会，又对改革中的一些重大问题做出决定。新一轮改革大潮即将汹涌而至。

回顾中国三十多年经济高速增长的历史，从本质上说就是一部向市场化不断迈进的改革史。党的十一届三中全会后实行家庭联产承包责任制，党的“十四大”确立社会主义市场经济体制的目标，十四届三中全会构建社会主义市场经济体制的基本框架，“十五大”确立基本经济制度，中国加入WTO，以及近十几年来，改革从经济领域拓展到民生、社保、医疗、文化、卫生等社会领域，每一次改革无不释放出巨大的生产力，成为推动我们伟大时代文明进步的正能量。

但是时至今日，小平同志强调的“从根本上改变束缚生产力发展的经济体制”这一改革基本任务尚未完成，有些地方还相距甚远。拿最近一年多出现的经济下行来说，学界对此有多种解释，如人口资源红利消失、进入中速增长阶段、经济周期影响、4万亿投资后遗症、国际环境错综复杂等，但对增长放缓背后的制度因素却鲜有触及。

是什么束缚了中国的生产力？过去是体制，今天仍然是体制。我们似乎已经习惯了从需求层面，即投资、消费、进出口去分析经济增长。如果换一个角度，从供给角度去分析就会发现，几乎大部分生产要素还没有完全实现市场对资源配置起基础性作用，有些领域计划色彩还相当强烈，有的仍然存在“双轨制”，抑制了它们对经济增长的贡献。

这里试举几例：

一是土地。在古典经济学中，土地就被认为是最重要的生产要素之一。但是中国的土地供给实行严格的计划管理，交易和流转也受到很多限制。计划管理的结果是造成短缺，这已为长期的计划经济实践所证实。土地越短缺，越会造成地价上涨，随之推动房地产价格的上涨。

二是能源和矿产资源。除煤炭市场化程度相对较高外，发电企业的发电量和价格由政府制定，电网成为电力收购和销售的唯一企业；油气的区块获得、管网运输、流通、进出口权仅归个别企业拥有。在这种情况下，能源价格居高不下就在所难免了。在北美页岩气革命后，美国的能源价格下降，制造业出现复苏。这对于靠低成本优势发展制造业的中国来说，无疑形成了巨大的压力。

三是劳动力。随着某些法规的实施，劳动力成本大幅上升。我国的社保费率（"五险一金"）已超过40%。假如一个职工税前工资是1万元，企业就要为他支出1.4万元。此外，还有最低工资定期增长等规定。保护劳动者的合法权益是必要的，但必须考虑经济发展阶段和企业的实际承受能力。目前的劳动力成本上升不是随着劳动生产率提高而形成的自然上涨。

四是资本。中国作为外汇储备和国内储蓄最高的国家，利率也是世界上比较高的。面对美国、日本的零利率，中国中小企业私募债利率高达15%左右，民间借贷成本远远高于国家银行的贷款利率。一个重要的原因就是，我们存在大量抑制资本市场和金融市场的管制措施。

此外，在科技创新方面，尚未形成科技成果转化为现实生产力的有效机制；促进民间投资、非公经济发展的政策出了很多，但仍然存在"玻璃门"、"弹簧门"、"旋转门"，抑制了企业家的创新精神以及民营经济和中小企业的发展势头。

这些问题带来了"供给抑制"，从根本上说还是由于政府在行政管理中没有分清与市场活动的界限。国家对微观经济活动干预过多，行政许可繁杂，出现了宏观管理"微观化"和"以批代管"的现象。加上一些部门职责交叉、机构设置不合理、行政效率不高，极大地抑制了各类生产要素的活力。

因此，当李克强总理提出改革"红利"说时，得到了社会各界极大的响应，大幅度取消和下放行政审批事项赢得了企业界的广泛欢迎。2013年9月29日，上海自由贸易试验区挂牌成立，第二天，全球最大的航运企业马士基公司即派人来注册航运管理公司。他们没想到，公司只需备案，不需像以前一样层层审批，资金结算中心可同步入驻，外汇、汇率与国外接轨。他们惊呼："幸福来得太突然！"不知道中国的改革者们有没有想到，企业需要的"幸福"竟如此简单。

第一章

名家论改革

罗伯特·希勒：
中国应制定应对贫富差距的长期规划

罗伯特·希勒，耶鲁大学金融学教授，标普/凯斯-希勒全国房价指数联合创始人之一，2013年因“资产价格实证分析方面的贡献”获得“诺贝尔经济学奖”，著有《非理性繁荣》和《动物精神》。

“金融业一方面帮助我们取得了诸多伟大的成就，另一方面却像此次危机中表现的一样，爆发出巨大的破坏力，给社会造成诸多伤害。在我看来，应对这种现象的最好方式并非钳制金融创新，相反，我们应该鼓励进一步放开金融创新的步伐。通过这种方式，我们不仅可以缓解金融危机的冲击，也可以使金融业更加民主化。”

在《金融与好的社会》一书中，2013年“诺贝尔经济学奖”得主耶鲁大学金融学教授罗伯特·希勒表达了对金融创新与众不同的看法。实际上，这本新书的主题是在讨论一个更深切的命题：金融资本主义与社会经济不平等的关系。那么，金融是制造社会不平等的利器吗?

罗伯特·希勒曾试图纠正上述偏见。在他看来，需要做的不是否定金融制度，而是如何改造它，使之更加民主化，防止其在财富和权力分配上的随机性。金融危机警示我们，金融创新的一个重要前提就是必须服务于保护整个社会资产这个最根本的目标，这就需要我们恢复“金融是全社会财富的托管人”的理念。

罗伯特·希勒也对中国的金融改革提出了具体的建议：中国的专业金融人才还远远不够，比如起草并监督金融合约的专业律师；在应对贫富差距扩大的挑战方面，中国可以考虑编制不平等指数。

金融民主化可以降低社会不平等

王尔德：您出版的书叫《金融与好的社会》，那么金融在一个好的社会中扮演什么角色？

罗伯特·希勒：首先，每个人都需要金融，金融与每个人的联系是维系社会运转的最基础的关系。每个年轻人都想在这个世界留下点印迹，想一想你所能完成的任何活动，你能找出一件对其他任何人都没有影响的事情吗？以古希腊诗人荷马为例，他是个盲人，假如他并非写诗，而是在脑中写并记住它，那他的确可以自己完成并且不需要金融。而实际上，要做一个好的诗人，你就必须有听众，你需要出版商、图书馆，甚至电视、广播，而这些活动都需要钱。这些都说明了人们需要筹措资金。而当我们在欣赏那些书籍时，其实背后是图书馆筹资活动。之所以一千年前他们没有看到这一点，是因为没有像我们现在“融资”这样的资金筹措活动。其实，我认为荷马也有在进行筹资。他要游走许多城市去收集民间传说，所以他必须有一艘船，和一个带领他去各个城市的船长。到达了城市以后，他又需要找地方去朗诵他的诗歌，比如市中心的剧院，所以这个需要建筑起来，还需要定时清理。这些事情都是不可避免的。所以我认为荷马背后是由一个强大的组织所支撑的，这就是为何他如今还被人们所铭记的原因。

再者，一个好的社会的重要特征就是平等，人人相互尊重和欣赏。而一般人认为，金融所代表的财富的理论与实践，是有悖于“好的社会”所要达成的目标的。我认为事实并非如此，这也是我要写这本书的初衷。

王尔德：您在书中提到，社会金融化程度越高，不平等程度越低，为什么这么说？

罗伯特·希勒：首先，邓小平说过，在走向繁荣的进程中，有一部分人要先富起来，所以不平等程度的升高可能是经济繁荣的一个标志。而金融创新已经进行了几个世纪，所以这并非是一个导致不平等的特殊因素。只能说最近这种不平等更加激发了金融创新。

我认为，金融本身能起到管理风险的作用，对风险的有效管理应该能带来降低社会不平等程度的效果。金融民主化可以让人类世界变得更好。例如保险，就是一种可以降低不平等的方式。一旦有灾难发生，比如你的房子被烧了，那么保险就可以防止你因此而变得一贫如洗。所以我是认为金融民主化有可能会降低不平等程度。我这里说的“民主”并非指选举，而是指人们可以自己去掌控自己的活动，包括金融市场。

金融创新并非过度，而是不足

王尔德：在金融民主化的过程中，您认为应该吸引更多的人参与，但金融创新越来越复杂，即使专业人员也无法完全看懂，这种大众参与是否会沦为形式？

罗伯特·希勒：我觉得需要一个领导者，这样一个角色由政府或者执法部门来担任就显得特别有效。通过领导者，我们对金融体系进行扩大化、民主化和人性化的改造，让金融更广泛地渗入到民众的生活中去。这就意味着，赋予普通民众平等参与金融体系改造的权利。

目前，大多数人很少甚至无法获得可靠的信息，他们经常遇到的是推销金融产品的人，而这些销售人员则没有动力把本应告诉民众的知识全盘托出。我所号召的金融民主化包括加深人们对金融运作知识的了解，提供给公众更为可靠的信息，而可靠的信息只会来源于金融顾问、法律代表或者教育工作者，而目前只有少数人能获得这些专业人员的信息。这就需要建立一个更为完整和开明的金融体系。

我也建议，让大众能够全面获取相关金融信息，能够通过人工及电子的方式积极且理性地把握机会，从而保证民众是当代金融体系的参与者，而非各种金融机构推出的各种产品的受害者。

我在这里需要强调的是，至于大众的参与，我并不认为金融创新会来自那种一直待在一个地方，不学外语，一生没有出去过、只待在当地的人（Local People），而应该来自那些会外语，奔走在世界各个角落，并且知道自己在做什么的世界主义者（Cosmopolitan）。

同时，为了避免你提到的那种沦为形式的参与，我们应该加强行为经济学和行为金融学的要求，因为这两门学科能够深入研究人性的局限，从而告诉我们到底是什么使人无法做出理性且人性化的决策，创造并推行这些金融创新是应对经济不平等的最佳策略。

王尔德：您刚才提到金融创新，那么您认为2008年的金融危机是过度的金融创新造成的吗？为什么？

罗伯特·希勒：金融创新是一个很复杂的过程，从某种意义上来讲，金融创新可能会导致这种危机的出现，但这并不表示金融创新本身不好。就金融创新而言，并非过度，而是不足。因此，化解金融风险的出路，还在于金融创新。这看起来像一个悖论。

不过，金融危机提醒我们，进行金融创新的一个重要前提就是必须服务于保护整个社会资产这个最根本的目标。为了保证目标得以实现，最好的办法就是在华尔街培养并监管不同的从业者——首席执行官、交易员、会计、投资银行家、律师和慈善家，通过倡导他们心存良善的从业行为，进而影响整个华尔街的文化。

建议中国政府编制不平等指数

王尔德：您在书中提到，中国应该改善金融制度，以改善不断扩大的社会经济不平等，您有哪些具体的改革建议？

罗伯特·希勒：我认为中国政府应制定一个长远规划来迎接可能更大的贫富差距的来临。这是极其重要的。中国历史已经告诉我们，人们不喜欢不平等。但是，现如今几乎没有一个国家真正好好讨论过如何解决这个问题。所以我希望在中国，或者其他任何一个国家，都可以看到有一个非常长远的规划，比如30年的规划，这和目前通行的五年计划不同。

我们可以先看一下法国的例子。当法国总统弗朗索瓦·奥朗德提出的最高75%税法议案获得法国议会通过时，人们都震惊了。这个议案指出，要对个人所得超过100万欧元的人征收75%的个人所得税。该议案可能会在2013年开始实施，为期两年。但是普遍的反应是，这个比例太高了。但是我认为，如果不平等程度变得那么可怕，这是政府必须采取的措施，在世界任何一个角落都是如此。

类似于法国，如果中国政府现在可以出一份报告，比如20年之后会对个人所得超过1亿元的人征收最高多少比例的税收时，人们就可以开始面对现实并讨论这些问题，并最终获得一个比较统一的观点。

我建议，中国政府应该根据社会不平等程度编制税务系统用于参照的指数。在不平等现象指数（我也曾将其称为不平等现象保险）的指导下，政府不应该通过立法为每个不同的税收等级强制规定一个固定的所得税税率，他们反而应该提前编制一个公式，根据税前收入的不平等状况，以其统计学测量手段规定不同程度的税率。如果个人收入不平等状况加剧，那么这种税收制度会自动调节不同税级之间的差额。在我们知道收入差距将要扩大之前，在人们知悉实际上谁会被征收更高税金之前，强制推行这种指数系统解决不平等问题，这就是一种金融的解决方案。所以编制这一类指数的意义在于管控风险，也就是在不平等现象加剧的情况出现之前就做好准备，这与保险合同十分类似。实际上，不平等现象指数可以被视为一种保险——针对不平等程度的保险。

不平等指数可以有两种编制方法：一种能够逐渐使不平等差距缩小，直到其程度回归到人们可以接受的水平；另一种则是简单地将不平等程度封冻在当前的水平，使其不再恶化。后一种方式可能是从政治角度考虑最容易被接受的一种，以这种方式编制出的指数在很大程度上使显著的收入不平等现象长期存在，其目标就是单纯地防止收入不平等现象严重恶化。

（本文载于《21世纪经济报道》2012年12月10日28版）

吴敬琏：
完善社会主义市场经济，建立包容性的经济和政治制度

吴敬琏，著名经济学家，国务院发展研究中心研究员。1984～1992年，连续五次获得中国“孙冶方经济科学奖”；2003年获得国际管理学会（IAM）“杰出成就奖”；2005年荣获首届“中国经济学奖杰出贡献奖”。

在确立社会主义市场经济体制改革目标二十周年之际，中国经济也在新的高度上走到了一个三岔路口。在这个历史的紧要关口，从二十年前的历史转变汲取经验和力量有着重要的意义。

二十年前召开的中共“十四大”，扭转了曾经喧嚣一时的回到“阶级斗争为纲”和“计划经济为主”的错误方向，确立了社会主义市场经济的体制改革目标，在我国的改革征途中具有里程碑意义。按照“十四大”确定的目标所进行的改革，努力开辟了中国经济发展的新时代，为中国经济的崛起奠定了体制基础。

“市场经济改革目标的确立是来之不易的，在以后的岁月为实现这一目标而进行的改革，更是历尽艰难曲折。”吴敬琏表示，“回顾二十多年前确

立改革目标和推进实际改革过程中决策层和产学各界共同研讨和互动的情况，对于我们重启改革议程、实现中国改革的再出发十分有益。”

“十四大”确立“社会主义市场经济”改革目标后，1993年的十四届三中全会根据这一目标制定了经济改革的总体规划，即《中共中央关于建立社会主义市场经济若干问题的决定》（以下简称《50条决定》），然后从1994年起开始了经济体制的系统改革。再经过1997年中共“十五大”开启的“调整和完善所有制结构”改革，在20世纪末宣布社会主义市场经济体制初步建立起来。

不过，在20世纪末初步建立的经济体制仍然背负着命令经济的沉重遗产。这种情况的延续，就形成了一种“半市场、半统制经济”的过渡性体制格局。这种过渡性体制正阻碍着中国的技术创新，并造成严重的经济和社会问题。

他解释，一方面，由于政府具有主导资源配置的能力，导致以高投入、高消耗的粗放型的经济增长方式难以向集约型经济增长方式转型；另一方面，由于政府对经济的行政干预，产生了一个普遍的寻租环境，腐败蔓延难以制止。

这种“半市场、半统制经济”的体制有两种不同的发展前途：一种前途是深化改革，建立法治，充分发挥市场在资源配置中的基础性作用，完善在规则基础上运行的现代市场经济制度；另一种前途是强化政府对国民经济和整个社会的管控。有的作者也使用“十四大”中“社会主义市场经济”的用语，但是他们所说的“社会主义市场经济”是所谓的“政府掌控驾驭下的市场经济”。市场交换是自主和自由的交换，“政府掌控驾驭下的市场经济”还是市场经济吗？吴敬琏认为：“如果政府在市场之上起资源流向的最终决定作用，那也就无所谓市场配置资源的基础性作用，也无所谓市场经济体制了。”

下一步该怎么走？是沿着完善市场经济的改革道路前行，还是沿着强化政府行政干预作用的统制道路前行？吴敬琏认为，只有坚持市场化、法治化、民主化的改革道路，进一步完善社会主义市场经济体制，建立包容性的经济和政治制度，这样，中国才有光明的未来。

上篇：回顾

捅破市场经济这层纸很不容易

王尔德：粉碎“四人帮”以后，计划和市场的关系一直是理论界争论不休的问题。“十四大”把“社会主义市场经济”确立为改革目标，实际意义是什么？

吴敬琏：1987年中共“十三大”以前，对于中国应当建立什么样的经济体制，官方有两种正式的说法：一个是“十二大”的“计划经济为主，市场调节为辅”；另一个是1984年十二届三中全会的“有计划的商品经济”。

其实，一些经济学家在1987年已经意识到，“商品经济”概念不那么准确，没有反映市场机制，即价格机制在资源配置中起基础性作用这个本质特征。所以，在中共“十三大”期间，国务院发展研究中心主任马洪就在小组会讨论时提出“由社会主义市场经济体制替代计划经济体制”的建议。“十三大”以后，广东一些经济学家组织了6次“社会主义初级阶段市场经济研讨会”，主张采用“市场经济”概念。

但是，这种意见并没有成为共识。是，只隔一层纸了，但终归还“隔着一层纸”，而且捅破这层纸非常不容易。

王尔德：当时关于市场经济的讨论似乎并没有继续下去？

吴敬琏：1989年夏季出现新的政治经济形势以后，有些人把关于计划和市场的争论转变为“姓社姓资”的政治问题，把经济理论问题同社会主义基本制度的存废直接联系起来。他们运用比20世纪80年代初期批判“商品经济论”时更加“上纲上线”的论据和语言，断定“社会主义经济只能是计划经济”，而“把改革的目标定位在‘市场取向’上，把‘市场经济’作为我们社会主义的目标模式，就把资本主义生产方式的经济范畴同社会主义生产方式的经济范畴混淆了”；“市场经济，就是取消公有制，这就是说，要否定共产党的领导，否定社会主义制度，搞资本主义。”于是“市场化”被说成“资本主义和平演变”的一项主要内容。这种大规模批判在干部和群众中引起很大的混乱，使他们无所适从。

1990年7月，在中共中央政治局常委会组织的一次讨论经济形势的会议上，薛暮桥等少数几位经济学家提出，要继续进行市场取向的改革。但是，他们不敌“计划取向论”者人多势众，没能动摇“坚持计划经济为主，发挥市场调节的辅助作用”的主流提法。

1991年中央召开11次座谈会是大讨论的高潮

1991年从10月17日到12月14日，一共开了11次经济学家座谈会。与会的很多经济学家都在发言中反驳了当时的倒车论调，强调了改革的市场方向。

王尔德：在“计划取向论”政治上占有优势的情况下，中共“十四大”的转机是怎样出现的呢？

吴敬琏：据我观察，转机的出现，一方面是由于当时的经济和政治状况使“不改革开放，只能是死路一条”的形势暴露得十分清楚；另一方面是由于邓小平讲话。在邓小平1990年12月到1992年2月多次讲话的鼓舞下，主张改革的领导人和各界有识之士做了认真的努力。

现在我们都可以在《邓小平文选》里看到，从1990年年末到1991年年初这段时间，邓小平两次发表关于市场经济的重要谈话。一次是1990年12月24日，在中共十三届七中全会开会前夕，邓小平在同中共中央几位负责人谈话时说："我们必须从理论上搞懂，资本主义与社会主义的区分不在于是计划还是市场这样的问题。""不要以为搞点市场经济就是资本主义道路，没有那么回事儿。计划和市场都得要。不搞市场，连世界上的信息都不知道，是自甘落后。"另一次是1991年1月至2月间同时任中共上海市委书记朱镕基的谈话。邓小平指出："不要以为，一说计划就是社会主义，一说市场就是资本主义，不是那么回事儿，两者都是手段，市场也可以为社会主义服务。"

王尔德：当时很多人知道，上海《解放日报》从1991年3月开始，以"皇甫平"的笔名陆续发表原《解放日报》党委书记周瑞金等人根据邓小平后一次讲话精神写的四篇文章，但在文章发表后却遭到围攻。当时的实际形势是怎么样的呢？

吴敬琏：在当时，一方面，"计划取向论"者的确可以利用他们在意识形态领域里还拥有的权力压制正确意见；另一方面，在领导层里还有不少人是拥护邓小平的改革主张的。

例如，朱镕基1991年四五月间从上海调到北京，担任国务院副总理。在我去看望他的时候，向他反映了经济学界对主流媒体批判皇甫平的不同意见。他当时明确告诉我：皇甫平文章的基本内容，都是邓小平春节时对他本人讲的。"现在有人要批判，他们要批判到哪里去？！"临别时，朱镕基要我整理一份关于计划与市场争论历史的材料。

后来，这份材料也转到了江泽民总书记那里，他也约我讨论过争论中的一些细节问题。

王尔德：在您的论文集《计划经济还是市场经济》中，有一篇是您在中共中央领导1992年下半年召集的座谈会上的三次发言。您能不能介绍一下这个系列座谈会的情况？

吴敬琏：在1991年秋冬，江泽民同志主持召开了一系列的座谈会，与经济学家一起讨论三个问题：一是用马克思主义观点看战后资本主义经济的发展和现状；二是苏东剧变的根本教训是什么；三是怎样建设有中国特色的社会主义。从10月17日到12月14日，一共开了11次会。这是1989年以来大讨论的高潮。其中，第三个问题花的时间最多，座谈会开了5次。正是在这5次会上，与会的经济学家刘国光、张卓元、杨启先、傅丰祥、林毅夫、周小川、郭树清、陈东琪等都在发言中不约而同地用这种或那种方式反驳了当时的倒车论调，强调了改革的市场方向。

就我自己的感受而言，这个系列座谈会有两个重要特点：

第一是座谈会开得生动活泼。领导人和学者之间互相插话，平等地进行讨论。

第二是讨论的主题，不是简单地提出什么样的政治口号或者改革目标用什么名称这样的表面问题，而是从理论和历史相结合的层面深入探讨体制、机制及其效应问题。像我自己，除了在会上做了《加快改革进度，开辟现代化建设新阶段》的发言，还给会议参加者分发了一篇介绍资源配置与计划、市场关系的背景文章《市场机制与资源配置》，为我的政策建议提供理论论证，指明经济改革的实质，是“改变资源配置方式，扩大市场机制在资源配置中的作用”。周小川在发言中指出，市场经济体制有两项主要功能，这就是实现稀缺资源的有效配置和提供兼容的激励机制。这些都反映了现代经济学的成果。

致信中央建议确立“社会主义市场经济”目标模式

王尔德：1992年1月到2月间，邓小平到武昌、深圳、珠海、上海视察，直接面对群众发表“南方讲话”，明确指出“计划多一点还是市场多一点，不是社会主义与资本主义的本质区别”。邓小平采用这种方式回答这个长期争论的难题，得到广大干部群众的热烈响应。3月的中央政治局会议，明确：计划和市场，都是经济手段。要善于运用这些手段，加快发展社会主义商品经济。这就为科学研究计划与市场的关系问题提供了更为宽松的政治条件。1992年4月30日，您曾向中央领导提出过一份关于改革目标模式的建议。您能不能介绍一下这份建议的来龙去脉？

吴敬琏：关于计划与市场的提法，是我多年来考虑的一个问题。再加上时任总书记的江泽民同志和副总理朱镕基同志来中央工作以后，先后向我了解过关于计划和市场提法演变过程的情况，这更促使我考虑在这方面有所建言。1992年4月初，北京的一些经济学家在香山开会，请上海市的几位同志介绍他们的发展战略设想。我在会上的发言从计划经济与市场经济争论的历史讲起，强调正确的发展战略要以市场体制作为它的制度基础。两位朋友觉得讲得不错，鼓励我把有关的意见向中央领导提出。于是，在李剑阁的帮助下，由我写了这份给中共中央的建议书。

建议书有两部分内容：一是“十多年来关于计划与市场的争论”，介绍了有关这一问题的提法的演变；二是“建议确立‘社会主义市场经济’的提法”，希望在中共“十四大”上，“对社会主义改革的目标模式做出新的科学的概括”，并提出两个方案可供选择：一个是“社会主义商品经济”，另一个是“社会主义市场经济”。前一个是最低限度的方案，“社会主义市场经济”是更理想的方案。后一方案的好处是，能够更加鲜明和准确地表达经济体制改革的实质，在于用以市场机制为基础的资源配置方式取代以行政命令为主的资源配置方式。

“十四大”正式确定社会主义市场经济体制目标

王尔德：中共“十四大”正式确立改革的目标模式是社会主义市场经济体制，这对中国改革有何意义？

吴敬琏：“十四大”的决定，标志着中国共产党内已经形成了市场经济改革的共识。重要的是在“十四大”开会以前做的大量工作。

江泽民总书记1992年6月9日在中央党校省部级干部进修班上的“十四大”“定调讲话”，可以看作是前期研讨的总结。他在这篇讲话中，指出加快经济体制改革的根本任务，就是要尽快建立社会主义的新经济体制。而建立新经济体制的一个关键问题就是，要在国家宏观调控下，更加重视和发挥市场在资源配置上的作用。在当时理论界对改革目标提出的几种提法中，他明确表示倾向于使用“社会主义市场经济体制”这个提法。

现在重读这篇讲话，觉得很有意思的是，作为政治领导人的江泽民总书记不但比较了几种提法的优缺点，而且对市场体制、市场机制做了经济学的解释。例如，他批评有些人“很少看到市场对激励企业竞争、推动经济发展的积极作用，特别是看不到市场也是一种配置资源的方式，看不到它对优化资源配置所起的促进作用”；指出“市场是配置资源和提供激励的有效方式，它通过竞争和价格杠杆把稀缺物资配置到能创造最好效益的环节中去，并给企业带来压力和动力”。

江泽民的讲话得到干部群众的热烈欢迎，几乎没有什么反对意见。这样，中共“十四大”就正式决定：“我国经济体制改革的目标是建立社会主义市场经济体制。”并且明确地指出：“社会主义市场经济体制，就是要使市场在社会主义国家宏观调控下对资源配置起基础性作用。”“十四大”决定对市场经济体制给出的科学界定，直到现在来看，也是经得起历史检验的。

现在，有些文章也使用“十四大”、“社会主义市场经济”的用语，但是强调“中国特色的市场经济是政府掌控驾驭下的市场经济”。市场交换是自主的和自由的交换，在政府官员掌控驾驭下的市场经济还是市场经济吗？其实“十四大”决议说得很清楚，市场在宏观调控下对资源配置起基础性作用。如果政府在市场之上起资源流向的最终决定作用，那也就无所谓市场配置资源的基础性作用，也无所谓市场经济体制了。

王尔德：随后的中共十四届三中全会通过了《关于建立社会主义市场经济体制若干问题的决定》。

吴敬琏：确定目标模式只是取得决定性胜利的前奏，重要的是市场对稀缺资源进行有效配置，需要通过一套复杂的机制才能实现。因此，在目标模式确定之后，接下来就开始进行市场经济改革的总体规划。这项规模宏大、参加人数众多的研究工作持续了一年多的时间，最后形成了1993年11月中共十四届三中全会通过的《关于建立社会主义市场经济体制若干问题的决定》。这个决定按照整体改革、重点突破的改革战略，对市场经济各个子系统，包括财税体系、金融体系、外贸体系和外汇制度、社会保障体系、国有经济等子系统的改革，各个子系统改革之间的配合关系和时间顺序，做了比较细致的安排。从1994年开始，政府按照《50条决定》的规划进行了大的改革。到新世纪之交，初步搭建起社会主义市场经济体制的基本框架。这就为中国经济的高速发展提供了基础性的制度条件。

下篇：方向

要理顺政府和市场的关系

王尔德：世纪之交建立起来的市场经济制度还只是初步的吧？

吴敬琏：当然是这样。由于政府在资源配置中起基础性作用的命令经济旧体制的遗产，20世纪末初步建立起来的体制远不是一个完善的市场经济体制，充其量可以叫作“政府主导的市场经济体制”吧？

一方面，商品买卖和货币交换已成为社会通行的交易方式，市场价格引导相当一部分资源的流向，这意味着市场在资源配置中已经广泛地发挥作用。

另一方面，政府与市场的关系仍存在很多问题。首先，各级政府握有支配土地、资金等重要经济资源流向的巨大权力，在很多领域的资源配置中起着支配性作用。比如各级政府往往用大量的土地资源，再配上信贷资源来营造GDP的高增长。其次，国有经济仍控制着国民经济的制高点，国有企业在石油、电信、铁道、金融等重要行业中继续处于垄断地位。在涉及这些大型集团时，不论是国有资本从竞争性部门退出，还是完善公司治理结构的步伐，都放慢下来，甚至在一些重要行业出现“国进民退”的现象。最后，现代市场经济不可或缺的法治基础尚未建立，各级官员有着很大的自由裁量权，并运用大大小小的行政权力对企业的微观经济活动进行频繁的直接干预。比如，经济过热以后，一些政府部门往往以“宏观调控”为名，加强了对市场和企业的控制与干预。这些都妨碍了市场机制充分发挥配置资源的基础性作用。

其实，中共中央是认识到这一点的。2003年中共十六届三中全会通过的《关于完善社会主义市场经济体制若干问题的决定》（以下简称《决定》）就明确指出，现有体制在许多重大方面“还不完善”，“生产力发展仍面临诸多体制性障碍”，需要通过进一步的改革使之逐步完善起来。

王尔德：十六届三中全会《决定》的执行情况怎样？

吴敬琏：十六届三中全会做出了一个很好的《决定》。遗憾的是，也许由于21世纪初中国经济情况太好，许多人没有决心做进一步的改革，因此执行情况很不理想。甚至有些人不把中国经济的茁壮成长归因于改革开放，却把它归因于“强势政府”动员和分配资源的超强权力，于是在“半市场、半统制”的体制中，各级政府对微观经济的统制不但没有削弱，相反还不断增强。

这样就造成了两个严重后果：

第一个严重后果是，以投资和出口驱动为主要特征的旧的粗放型经济发展方式难以转变。

在1995年制定“九五计划”的时候，把实现经济增长方式的根本转型正式写进了“九五”（1996～2000年）计划。在十四届三中全会大改革的背景下，经济增长模式转型在“九五”期间还有所进步。但到了21世纪之初，又开始向旧的粗放的经济增长方式回归。2003年以后，各地都大规模向资本密集型的产业投资，要求实现产业的“重型化”，希望用这种方法来支撑GDP的高速度增长。所以增长模式非但没有转过来，甚至还有恶化的情况。

为此，“十一五”（2006～2010年）规划就再次规定转变经济增长方式，但到了“十一五”最后一年，却发现增长方式仍然没有转过来。在“十二五”规划制定的过程中，这个议题提到了更高的政治高度，指出“转型刻不容缓”的问题。

但是，由于中共十六届三中全会指出的体制性障碍未能得到消除，粗放的经济发展方式一直转不过来，从而造成了一系列严重问题，诸如资源匮乏、环境破坏，以及宏观经济上货币超发，流动性泛滥造成的房地产泡沫、通货膨胀压力剧增，一直到劳动者收入提高缓慢、大众消费不足等社会问题愈演愈烈。

第二个严重后果是，由于政府手里掌握太多太大的资源配置权力，官员利用权力对市场的干预和对价格的管控，造成了权力寻租的庞大基础，导致许多严重的经济社会问题。

新改革共识可以形成

王尔德：下一步该怎么改，有没有可能形成新的改革共识？

吴敬琏：我认为，当前形成改革共识的可能性比较高。中国的改革历来都是由环境的压力促成的，从这个意义上说，当前的矛盾和困难既是坏事，也是好事。在矛盾激化、问题丛生的背景下，关于要不要改的问题，开始在多数人中形成新的改革共识。随着体制弊病和增长方式缺陷导致的严重问题的暴露，改革的呼声越来越高，这有利于推动中国改革的前进。

王尔德：2011年制定的“十二五”规划指出，“十二五”的主线是转变经济发展方式，而转变经济发展方式的动力是改革，要求“必须以更大的决心和勇气全面推进各个领域的改革”。那么，到底该怎么改？

吴敬琏：正如前面所说，我们现在的体制是一个从旧体制转向新体制的过渡性体制。这种过渡性体制有两种不同的发展前途：一种前途是，深化改革，建立法治，充分发挥市场在资源配置中的基础性作用，完善在规则基础上运行的现代市场经济制度；另一种前途是，强化政府对国民经济和整个社会的管控，使中国经济堕入国家资本主义或者权贵资本主义的穷途。这种过渡性体制是此消彼长，还是此长彼消呢？换句话说，是沿着完善市场经济体制的改革道路前行，还是沿着强化政府权力的国家资本主义道路前行？

在这个问题上，越来越多的人已经认识到，倒退是绝无出路的。我认为，只有坚持市场化、法治化、民主化的改革道路，进一步完善社会主义市场经济体制，建立包容性的经济和政治制度，这样，中国才有光明的未来。

现代市场经济与法治密不可分。传统的、早期的市场经济，可以建立在熟人之间相互信任的基础上，因为熟人之间违约的成本很高。而现代社会是一个陌生人社会，现代市场经济是一个非人格化的市场经济，其正常运转则必须建立在规则的基础上，无论是产权的保护，还是合同的履行，都是如此。可以说，没有法治，就没有现代市场经济。所以，完善市场经济体制首先就要大力推进法治，建设法治国家。

建立法治国家，也有一个如何着手、如何实施的问题。在我看来，建立法治国家包含三方面的内容：一是在全民中树立法治观念；二是完善立法；三是实现司法公正。在这三方面中，立法方面要相对较快一些。至于实现司法公正，更是刻不容缓的事情。

（本文由王尔德与范世涛合写，载于《21世纪经济报道》
2012年10月29日5版。收录本书时已经得到范世涛授权。）

郑永年：
不改革，就被改革

郑永年，新加坡国立大学东亚研究所所长、《国际中国研究杂志》共同主编，主要从事中国内部转型及其外部关系研究。

二十年前，邓小平“南方讲话”重新定义改革，二十年后，中国经济飞速成长为世界第二大经济体。但是，经济发展带来的各种结构性问题已经到了必须再启动新一轮改革的关口。

下一步改革该怎么走？国家如何形成新的改革共识？为此，本报专访了长期关注中国转型问题的新加坡国立大学东亚研究所所长郑永年，就如何推动形成改革共识、中国如何从经济改革转向社会改革以及如何进一步深化经济体制改革等议题展开对话。

改革不是简单地打倒既得利益者

王尔德：关于改与不改、如何改革众说纷纭，莫衷一是，那么你如何看待今天的改革局面？

郑永年：关于要不要改革，我想整个社会在这个问题上分歧不大。除了极少数人就是认为“中国模式”（他们所说的“中国模式”与我通常所说的不是同一个概念，我通常所说的“中国模式”是一个中性词）就是最好的之外，社会中的大多数人都想改革，即便是很多人认为会反对改革的既得利益者。为什么这么说呢？因为他们虽然从改革中获益颇多，但是他们在现在这种局面下也会感到缺少安全感，所以我们看到大量的富人将财富转移到国外的现象。

从改革的条件来看，我认为现在的形势比改革开放之初的很多方面都好太多了。刚改革开放的时候，也存在既得利益者，他们的阻力也很大，甚至比现在更大，当时的阻力来自意识形态、思想认识、组织体制和财力多个方面。当然，其中最大的阻碍还是在思想领域，所以当时开展了思想大解放运动。我们再看今天，除了没有政治强人之外，我们的改革条件比当初好多了。

关于怎么改，目前争论很大，这本身也很正常。我认为执政党应该通过进一步的思想大解放，尽快推动社会形成改革共识，明确未来改革的路线图。

但是我们也应该看到，共识的形成需要一个过程。以我们比较成功的经济改革为例，整个20世纪80年代都处于一种探索状态。在意识形态层面，执政党内部当时也并没有强有力的共识，当时连“市场经济”的概念都不能提，只能提“商品经济”。除了最初的农村改革很成功外，其他各方面的经济改革尽管都进行了尝试，但没有找到一个突破口。后来执政党也尝试了政治改革，想以此推进经济改革，但这方面并没有成功。但“南巡”彻底改变了这种局面。1992年邓小平的“南方讲话”成为当年召开的中共“十四大”的主导思想。通过这么多铺垫，直到“十四大”正式确立了“社会主义市场经济”这个顶层设计，结束了计划经济与市场经济之间的摇摆不定，突破了“市场经济姓资还是姓社”的意识形态争论，最终形成了经济改革的共识。

回过头来看，经济改革共识的形成过程，也充满了策略，这些策略既是政治经验，也是政治智慧。

王尔德：那么这些政治经验和政治智慧，对我们今天的改革有哪些启发？

郑永年：我们对改革要持一种开放的理解心态。为什么很多时候很多人都想改，但是改革就是无法推行呢？一个经常被人说到的原因就是，当改革一旦涉及每一个人的个人利益的时候，就会止步。但是我们的经济改革为什么能够推行下去呢？这是改革者的策略问题，就是要在既得利益之外培养新的利益，用新利益来克服老利益。

回溯历史，我们发现改革开始的早期，因为城市既得利益比较强大，领导层首先进行的是农村改革。在传统计划经济时代，农村基本上被体制所隔离。尽管农村也有阻力，但这些阻力因为不是体制的主体，改革的阻力比较小。这是农村改革很成功的最主要因素。农村改革的成功为城市改革奠定了一定的物质和制度基础。在城市改革开始后，因为国有经济部门既得利益比较强大，所以，改革者先不动国有部门。国有部门有改革，但只是政府向企业的分权，或者中央向地方的分权，可以说是一种体制内部改革。如何培养新利益？领导层就容许在国有部门之外逐渐发展出一个非国有部门来，其中既包括私营经济，也包括外资经济。随着它们的成长，国有部门自然就感到压力，等到时机成熟的1998年，国企开始全面改革。非国有部门的成长，既可以接受部分破产国有企业的资产，也可以为国企下岗工人提供很多工作岗位。

我们在改革的时候，很多人往往认为，既然改革的阻力在于既得利益者，那么就要针对他们，剥夺他们的利益。但是上面的经验告诉我们，先不要着急地不切实际地触动既得利益，期望一下打倒既得利益者，甚至断了他们的后路。任何一个层次的改革，如果其操作者持这种思维的话，改革注定要碰壁。这是不成熟的想法，是革命而不是改革的思路。改革是要在现行的既得利益之外，培养出新的利益来，同时对既得利益者要逐步改革，改变他们追求利益的方式。等到新的利益培养出来之后，再动既得利益，效果就会好很多。新利益一方面对原有既得利益构成了压力，另一方面也能消化改革既得利益所产生的很多问题。

现阶段主体改革应是社会改革

王尔德：那么，您认为我们应如何推动改革共识的形成？

郑永年：我们要明确我们当下和未来五到十年的改革共识是什么，其中包括了改革路线和目标，以及如何执行的问题，如果这些问题都能确定，那么我们就找到了未来改革的顶层设计。

改革共识的形成，一方面离不开思想解放和讨论，另一方面要对当下的形势做一个清晰的判断。

在任何社会，改革都可以分解为政治、经济和社会各个方面。从改革的步骤来看，俄罗斯和东欧是采取一步到位的综合改革，经济、政治和社会改革一起来，而中国选择的则是渐进改革。采取哪一种模式当然不仅仅是改革者的主观选择问题，而是受各国客观条件的制约。

中国的改革是先从经济领域改革开始的。通过第一阶段以经济改革为主体的改革，中国关于社会主义市场经济制度已经得到确立。尽管经济改革仍有很大的空间，但主要是制度的改革或者改善问题。那么下一步的改革突破口在哪里？我认为就必须找到新的突破口。

我们发现，2002年中共“十六大”以来的改革围绕着两个重大目标，即“科学发展”和“和谐社会”。科学发展观不仅是要改革迄今为止的经济发展模式，而且也是实现和谐社会的途径和方法。“和谐社会”是社会改革的目标。社会改革的核心在于社会制度建设，包括社会保障、医疗卫生、教育、住房等。与前一阶段相比较，社会制度建设已经成为新一阶段的改革重点。我认为，现阶段和未来十几年的改革应以社会改革为重点。

王尔德：为什么社会改革应该成为现阶段的主体性改革？

郑永年：我认为主要原因有四个。

首先，通过改革开放以后的经济改革，中国逐渐地产生了一个相对独立的社会领域。在改革之前，中国社会并不存在这样一个领域。当时，中国的社会是嵌入在国家的经济和政治体系之中的。在计划经济时代，每一个企业都是一个小社会，企业负责工作和生活在其中的每一个成员的生老病死。改革开放以来，社会开始从经济和政治领域分离出来。20世纪80年代，人民公社体制的解体直接把农民解放出来，转型成为新型的农村社会。除了传统意义上的农民，农村出现了大量的乡镇企业工人。之后，随着城市改革的开始，又出现了大量的农民工。今天，中国农村已经出现极其复杂的社会阶层结构。在城市，在20世纪80年代，中国的经济改革途径是：一方面将国有企业原来所承担的社会功能去掉，让社会来承担；另一方面在国有企业之外发展出一个非国有部门来，而社会就产生于这个过程。因此，社会力量的成长成为社会改革的重要前提体现。

其次，通过第一阶段以经济改革为主体的改革，中国基本经济制度已经得到确立。尽管经济改革仍有很大的空间，但主要是制度的改革或者改善问题。总体的社会制度要得到改革，就必须找到新的突破口。较之政治改革，社会改革并未涉及政治精英的核心利益，而且社会上下容易取得共识，因此比较容易进行。

再者，社会改革是为了“还债”。从计划经济到市场经济的转变过程中，原来计划经济体制下的社会制度自然解体，包括之前的教育、住房和医疗、社会保障等社会制度，因为它们已经不适应新环境的需要。但同时以经济为主体的改革又没有能够提供另一套社会制度体系，而这些新制度必须通过社会改革得以建立。因此，通过社会改革重建一套新的社会体制是唯一的选择。

此外，社会改革也可以为深化经济改革和可持续的经济发展提供新的动力。长期以来中国的经济增长是出口外需驱动型的，现在欧美需求萎缩，那么中国建立内需驱动型经济，就显得非常急迫。谈扩大内需谈了很多年，但为什么一直没多大进步呢？因为我们的社会保障制度建设落后，老百姓通过储蓄来自己解决社会保障问题，而且现在所谓新的“三座大山”——住房、医疗和教育，让普通人根本不敢轻易消费。因此，社会改革的推进，可以减轻城乡局面的压力，提高他们的消费能力和意愿，为内需型经济的成长提供动力。

现在，社会改革，已经不能拖延。

社会改革存在战略机遇期

王尔德：相对行政体制改革，为什么社会改革已经不能拖延？

郑永年：我认为现在是社会改革的战略机遇期，如果错过了这个机遇期，可能想改也没办法改了。现在的GDP增速虽然趋于放缓，但以中国的经济体量而言，8%或9%的GDP增速还是相当高的，而且财政收入增速远高于这个速度。这说明我们改革的经济和财政条件很好，手里面有钱，要赶紧做，否则等到经济增长低速而政府财政困难的时候，社会改革就很难了。你看奥巴马政府想推行医改，但无法推动，其中一个很重要的原因是经济条件不允许。

此外，一个更深层次的原因在于，社会矛盾已经结怨很深，再不改革，稳定可能会出问题。尽管现在我们支付天价维稳，但这只是权宜之计。社会矛盾的问题，还是要通过社会改革来进行，而且你不改革，就会被改革。

从欧洲的经验来看，在工业革命之后，欧洲各国也出现了经济的高速增长，但是后来积累了很多社会问题，这些问题我们可以在马克思的《资本论》和雨果的《悲惨世界》中看到，那是一个原始的野蛮的资本主义世界。这些问题得不到统治者的重视，他们只重视经济效益，而忽视社会制度建设和社会公平，这就导致了很多暴力的工人运动。但是对比日本、新加坡和韩国等亚洲经济体，它们在“二战”之后同样经历了经济高速发展的过程，也遇到了很多社会问题，但是它们为什么没有出现像欧洲那样接连不断的暴力革命？原因固然很多，但是我认为一个很重要的原因就是，它们在适当的时期，通过社会改革和社会制度的建设，培养了一个庞大的中产阶级，化解了社会危机。中产阶级即使有抗议运动，也会是非常和平的。

这也就告诉我们，社会改革要选择合适的时机。综合国内各种条件来看，我们现在的时机很好，一定不要错过这个战略机遇期，不要等到发生重大社会危机之后再改革。改革就是要采取“先发制人”来防止社会的激进化。

王尔德：在“十六大”提出和谐社会目标之前和之后，社会改革也一直在进行，就之前的社会改革而言，您认为存在哪些问题？

郑永年：社会改革就是要建立把社会保护起来的制度，通过社会保障制度，使得公共服务最大化。但是，我们发现，很糟糕的是，中国很多年来，尤其是地方政府，不仅没有提供社会保障机制，反而是通过破坏社会、损害社会的方式实现经济的增长。比如原来属于社会公共服务的医疗和教育这一块儿，在中国变成了很庞大很畸形的产业，成为赚钱的工具。在教育和医疗之外的住房领域，具有高度的社会性，很大一部分是非商品化的，但在中国却成为了地方经济的支柱产业。

但是在任何国家，上述三个领域，无论是西方最发达的国家，还是第三世界欠发达的国家，都属于社会保障或者具有社会保障的很多内容，是需要政府大量投入的领域，包括这些部门在内的公共部门主要都是非营利性质。但是在中国，这些领域却成了暴富的领域——在世界历史上很少有这样的事情发生。

这就是说，我们混淆了经济与社会的界限，把市场的原则滥用到了社会领域，造成了难以估量的恶果。现在我们要社会改革，一方面要清算这些改革遗产，另一方面要重申社会改革自身的原则，抵制社会市场化的倾向。

集体“南巡”面对未来

王尔德：按照您的分析，改革的方向和路线非常明确，那就是未来十年应以社会改革为主体改革。那么，如何将改革共识转化为实际的改革行动？

郑永年：从改革的呼声来看，呼声很高，到处都是要求改革的声音。以社会改革为例，除了上述强调的住房、医疗、教育和社会保障等社会制度，还有很多领域，比如包括非政府组织（NGO）在内的社会组织希望扩大生存空间，民营企业要求获得更多的投资机会等，这些改革的呼声都是改革的意愿和动力。

在执行层面，改革行动的阻力来自既得利益集团。那么如何克服这种阻力？前面讲了应对策略的问题，但是更重要的是执政党的改革意志。

著名的意大利马克思主义者葛兰西说过，一个政党要行使它的领导权，必须要超越自己本身的利益，代表其他各个社会群体、阶层、阶级的利益，而不能被利益集团要挟。

这就意味着，执政党必须是开放的，党不可以被既得利益所利用，党要超越既得利益，否则就会站到社会大多数人的对立面去。

在很多年里，中国政治领域曾经流行“红色旅游”，从革命的源头来寻找执政党的灵魂。“红色旅游”达成了共产党不能忘本、改革要以人为本的政治共识。同时，还应该看到解决问题必须是面向现实、面向社会、面向未来。

我们回头看，1992年邓小平的“南巡”或者“南方讲话”，是中国当代改革史上最重要的历史事件，是里程碑，因为它解决了当时中国改革所面临的两个最大的难题，即改革路线的确定和改革路线的执行。

假设现在确定了新的改革路线，那么新一辈领导人，要推动改革，需要充分利用社会力量，通过其自身强大的社会动员体系，凝聚老百姓的力量，将改革共识变为改革行动。

王尔德：在确定社会改革为主体方向之后，如何处理社会改革与其他改革之间的关系？

郑永年：以一种改革为主体改革，并不意味着其他改革就会停止。例如，1978～2002年期间，主体性改革是经济改革，但是政治改革和社会改革也在同时进行，但都是辅助性的改革，是为了支持经济改革这个大局的。这即是当年邓小平所强调的，用政治改革来推进经济改革。从2002年中国共产党“十六大”开始，随着“和谐社会”和“科学发展观”等改革目标的提出，社会改革已经成为主体性改革。这期间，政治改革也是重要的，但仍然是处于辅助性地位的改革。

尽管从经济改革到社会改革再到政治改革是一个比较理想的次序，但并没有任何东西能够保证改革顺着这个次序进行。

国有企业的边界亟待厘定

王尔德：在经济改革领域，您认为还存在哪些急迫的改革议题？

郑永年：今天，中国的经济结构严重失衡，主要包括出口和内需之间的失衡，国有企业和民营企业之间的失衡，大型企业和中小型企业之间的失衡，等等。所有这些失衡的结果，就是国家与市场之间的严重失衡。这一切的核心问题，就是很多年来的国有企业大扩张，与民争利问题突出。

目前，最急迫的改革议题是国有企业的改革。

王尔德：目前的国有企业主要存在哪些问题？

郑永年：国企的问题主要有三个。

其一，国企进入非垄断领域。原来的设想是要国企在一些关乎国家战略利益的领域实行垄断，并发挥作用。但近年来尤其是2008年全球性金融危机以来，国企大扩张，其触角伸展到非垄断领域，哪里可以赚钱，哪里就会有国企。结果，国企大肆进入民营企业领域，占据了民营企业的空间，很快改变了原来国企和民营企业两个部门相对平衡的状态，也大大挤压了中小企业的生存空间。

其二，就是国企“走”不出去，或者盲目“走”出去。“走出去”的目的是，在国际市场上提高中国企业的竞争力，但这个目标显然没有达成，西方各国大都以政治和国家安全为理由，拼命抵制中国国企的“走出去”行为。但在发展中国家，包括非洲、中东和拉丁美洲等，国企“走出去”又显得不够审慎，尤其是在能源领域。国企的投资很难说具有多大的经济理性，并且都是针对一些不稳定的国家和地区，使得民众有“走出去”了但“走不回来”的感觉。实际上也是这样。一部分国企“走出去”缺少科学的风险评估。

其三，更为重要的是，国有企业内部治理结构还存在不少漏洞。很多年里，国有企业盈利了，国企的管理者可以自行支配，进行内部分配。社会上的一些精英群体现在纷纷离开私企甚至是待遇优厚的外企而进入国企，这并非没有道理，事实上，国企内部的隐性福利已经大大超越所有其他的企业，而其垄断地位又意味着可以免于许多市场风险。即便国企发生亏损，最后还是会向政府伸手，需要动用纳税人的钱来救济国企。

关于国企改革有两种方案：一种是私有化，另一种是将国企利润与全民分红。我认为，它们都有问题。第一种方案可能会导致大型垄断企业的出现，这种垄断是被少数既得利益者垄断，后果非常可怕；第二种方案是不对国有企业的肆意扩张进行限制，而是拿一些利润出来分给公众。这种安抚策略最后会导致，国有企业全面出击，民营企业全面溃败，最后是退回到计划经济时代。

我认为，应该在第二种方案的基础上，对国有企业的进驻领域，通过法律的形式和技术进行严格限定，将之限定在一个笼子里面，如果越界，就严格处罚。先确立国企的边界，然后再进行国企和政府、国企与社会以及国企的内部机制改革。

王尔德：除了设定国企的经营边界之外，国企改革应还有哪些操作空间？

郑永年：实际上，国企的改革仍然有很大的空间。首先是进一步的去行政化，现在国企的管理者更像政治人物，而非企业家，管理者还具有行政级别。这种制度安排既是政府控制国企的手段，也是国企行为行政化和政治化的手段。行政级别必须去除，使得企业管理者成为真正的企业家，而非政治人物。

更为重要的是，国企必须“国有化”。现在国企已经演变成为国家代理人的企业，和社会、公众毫无关系。政府必须建立各种制度机制让社会监督国企，让民众参与国企。国企应当是为国家和社会创造财富的机制。这在国际上有很多经验。在很多国家，公共部门的运作具有很高的制度性保障的透明度。比如可以设立专门的独立机构监督这个部门，我们现在也有这样的机构，比如国资委，但国资委对国有企业的监管仍待加强，这是亟待改变的。

国家动员模式是否可持续

王尔德：您在《如何再次实现改革的突破？》的文章中提到了国内有地方采取一种“国家动员”的发展模式，这种模式有哪些优点和缺点？

郑永年：对于西部内陆城市、老工业基地来说，其经济不像沿海地区那么发达，采取“国家动员”模式，有它自身的道理，这是由它的历史和现实经济基础决定的。但从长期来看，这种模式可能会出现一些问题，主要是可持续问题。

从以往的经验来看，“国家动员”模式的特点是，政府通过集中大量资源来办大事，优点是，短期之内可以达到很快的效果；但缺点在于受制于行政调控资源方式的效率问题。从长远来看，可持续问题必然会提到议事日程上来，就是说，政府的作用必须在发展过程中得到及时转型。

王尔德：为什么说这种模式存在难以持续的风险？

郑永年：采用这种模式其实也取得了很大的成绩，这就首先要看地方政府调动了哪些资源，比如土地资源。土地是非常重要的资源，在经济发展的早期，这一资源更为重要。但土地供应毕竟是有限的，也就是说，仅靠土地是不能实现可持续发展的。这个问题当然各个城市也普遍存在。

在土地之外，地方政府利用政府的担保，通过国有银行、利用国有企业贷了大量的款。

虽然银行贷款也是司空见惯的，其他地方都有，尤其是在地方财力不足的情况下，地方政府举债贷款促发展是正常的，但问题在于地方政府国有企业的银行贷款到底有多少？是否超过了一定的限度？政府举债规模有多大？这些有待进一步实证研究。如果负债过高的话，其风险就很大，因为一旦银行贷款随着财政状况的变化出了问题，那么资金链风险就会爆发出来。

现在，一些地方政府正面临严重的债务问题。所以，有人提出质疑，地方政府大规模举债发展雄心勃勃却异常昂贵的社会项目是否真的有益？

比如重庆市政府表示，对公共住房的金融政策是切实可行的。然而，从银行获得的低贷款利率并不一定反映在这个项目预期的回报上。整个项目70%的资金来自银行贷款，这将给银行相当大的干预权力，并且项目的成熟性也存疑。更重要的是，投资的快速回报难以实现。在经济方面，该项目的可行性取决于地票政策、聚集租金的能力以及新区域的经济发展速度。

但是，和中国其他城市不同，重庆似乎有很高的银行信用，可以使政府和金融机构形成合作。最后，该项目里任何潜在的经济收益都依赖于当地经济吸纳新的租房者的能力，如果不能吸引租房者，地方政府将会陷入经济和社会问题，比如失业、基础设施建设不足、居民收入缩水。

王尔德：那么对于经济后发的西部内陆城市，在处理政府和企业的关系问题上，你有哪些建议？

郑永年：由于历史的原因，西部城市和东北城市一样，重工业企业比较多，国有企业占比较大。东北的国企改革这些年来有多难就可见一斑。国有企业比重过大，可能有短期利益，但长期利益会受到影响。这一点一定要引起注意。

对任何一个地方政府而言，国企的大项目投资都很有诱惑力，一下子投资几百个亿，确实可以创造很高的GDP，但是也应该看到背后的长期风险。并不是说，国有企业做大就是好的。同时，在发展壮大国有企业的过程中，容易造成政府对市场的干预，导致经济结构失衡。

在落后地区，政府要扮演一个非常积极的角色，这一点并没有错。不过，政府扮演怎样的角色，如何扮演角色，这是需要考量的。根据东亚地区成功的经验，政府的作用主要是创造一个各种性质的经济主体都可以参与的开放性市场机制，为各类企业的发展创造一个良好的市场经济环境。

城市化不应当只是土地的城市化

王尔德：在民生方面，你怎么看待地方政府的城乡统筹探索？

郑永年：在城乡统筹上，综改试验区的先行先试众所关注，不仅是因为综改试验区开了内地百万农民工进城入户的先河，而且在于开创了“以户口换土地”的模式，解决了众多城市建设遇到的土地“瓶颈”问题。

目前的城乡统筹，对包括重庆在内的很多地方政府而言，目的有两个：一个是解决城市发展用地不足问题，通过带有半强制色彩的农村土地城市化，为企业扩展提供土地；另一个目的是完成城市化率的目标，中国各级政府的社会经济发展规划里面都有相关指标。

但是，包括重庆在内的各地尝试的城乡统筹模式，从本质上看，倾向于比较重视土地的城市化，而不是人的城市化。就是说，在解决人的城市化问题上，强调得不够。

（本文载于《21世纪经济报道》2012年3月5日31版）

何怀宏：
正义是衡量一个社会是否健康良序的最重要标准

何怀宏，北京大学哲学系教授，伦理学教研室主任，博士生导师，主要从事伦理学、人生哲学、社会史等领域的研究。

“假如正义荡然无存，人类在这世界上生存，又有什么价值？”

对20世纪美国著名政治哲学家约翰·罗尔斯的这句名言，罗尔斯的《正义论》的主要中文译者、北京大学哲学系教授何怀宏非常认同。在何怀宏看来，“正义是衡量一个社会是否健康良序的最重要标准”。

正如罗尔斯所言，正义主要体现在以下两条原则：第一，在政治上，每个人都平等地享有一些最广泛的基本自由；第二，在社会和经济上，在机会公正平等的前提下，如果存在不平等，那么这种不平等应该对最弱势的群体有利。

何怀宏认为，正义在社会的价值序列里，既优先于高效和稳定，也是高效和稳定的前提。因为只有一个社会里面的多数人认为这个社会是公平的，是基本符合道德的，他们才愿意维护和支持这个社会。

“大家对正义的渴望是有共识的，分歧在于这正义的某些内容和如何实现正义。”何怀宏反复对本报记者强调，“我们要通过比较开放平等的对话，提供开放的舆论空间，允许各种意见讨论，以此来影响旁观者，推动共识的凝聚。”

正义是衡量一个社会优劣最优先、最重要的标准

王尔德：在您看来，哪些要素对于我们评价一个社会的发展状况是最重要的？现在评价社会的指数当中，“物质”方面的比重过大。对此您怎么看？

何怀宏：评价一个社会发展的状况，排在前面的指标肯定有物质类的，而不能仅仅靠“你幸福了吗”那种主观感受。这不仅仅是因为这类指标可以量化，是必要的基础，更为重要的是，这些指标也是社会健康发展的硬性指标。所谓社会正义的物质生活指标，最重要的是使一个最低的生活水平不是温饱就够了，而是要达到人之为人的、符合人的身份的那样的体面的生活。如果说所有人都同等富裕，实际上不太可能，那么，要让即便日子过得最差的人也可以过得相当不错。从罗尔斯的观点来引申，所谓“基本善”主要是指作为公民或社会成员的一些基本权利，其中也包括能够生存或符合人的身份的基本物质生活资料或财产。

但是，对一个社会的发展评价指标而言，也不仅仅只有物质类的，还必须包含每个公民的尊严，即得到他人承认和尊重的内容。就提升公民的尊严而言，在当下中国社会，最重要的一点就是解决官本位的问题。不止在官场，上级对下级，“官大一级压死人”，谁都想升迁，整个社会对官员也都是“羡慕嫉妒恨”。权、钱、名三者之间交易频繁，往往合流，而且是以权

力为中心和关键。这中间有许多不当的交易，有权就有钱、有名，达到某个权力职位，钱就会有人送上门，也很容易得到学位。我觉得应该淡化官本位，一个重要的措施就是让权钱名分流，杜绝权钱、权名交易，这很重要。要让不同的职业都有各自的尊严。权力越大，就越应该限权，防范权力越界，避免赢者通吃。还有阳光法案，我们稍稍看一眼世界就可知道：官员要公布财产是大势所趋，是一定要做的。在今天的中国，一小部分掌握资源的人太容易得到不当财富了，必须对其进行控制，这个是很要紧的。这就需要我们在制度上努力，采取实际的措施。

王尔德：那么，您如何看待“正义”在社会中的意义？

何怀宏：评价社会有几种方式，比如人们常常采取的是高效、稳定这两个标准，但是我觉得最重要的还是正义，就如罗尔斯所说的，正义是衡量一个社会优劣最优先、最重要的标准，一个社会是不是正义，就和我们衡量一个理论体系是不是具有真理性一样头等重要。

正义的根基在于制度的公平和合理，能否保障所有人的基本权利，能否让最不幸的人也能过得上体面的生活。实际上，古代传统的社会正义观，特别注重两端，你看《礼运》中关于小康社会的描述，一端是有才能的人能够得其所用，充分发挥，另一端是鳏寡孤独者，这些人社会要特别关怀，不能按有多少贡献就给你多少收入，而是作为同胞和社会成员，就必须去关怀他们，甚至是最关怀他们。

而且，正义也是经济高效与政治稳定的前提。只有一个社会里面的多数人认为这个社会是公平的，是基本符合道德的，他们才愿意维护和支持这个社会。只有这样，这个社会才会真正稳定，运作效率也会提高。当然，正义本身也需要效率和稳定秩序的支持，正义本身也要包含一种激励机制，对做出大贡献的人给予更多的回报，这也是正义的应有之义。

通过公开讨论去影响旁观者

王尔德：您认为，当代中国社会对何谓正义是否存在共识？

何怀宏：我认为无论是知识界还是社会各界，分歧很大，甚至有一些极端的现象，尤其和20世纪80年代相比。因为意见分歧，大家动之以拳脚都有，但是实际还是存在共识的，因为有些基本的真理是客观存在的。只是这些共识还潜存在人们心里，还没有凝聚起来，如果追问的话，无论是新左派还是自由主义，一些基本的共识还是有的，比如大家对于腐败和官本位都不满。

王尔德：既然存在对正义的渴望，我们应当如何使这种渴望凝聚成共识呢？

何怀宏：换句话说，大家对正义的渴望是有共识的，分歧在于这正义的某些内容和如何实现正义。比如大家都希望反对腐败和司法公正。在道路的选择上，我认为，我们必须尊重历史，冷静地思考，不能说失败了再试，重蹈历史的覆辙。

同时，我们要通过比较开放平等的对话，允许各种意见讨论，哪怕无法互相说服争论的双方，但大多数人可以通过旁观者的观察，看谁说得比较有道理。

美国有很多全国关注的案件，都要进行公开的讨论，由案件带来的法制教育，效果很明显。法治的进步，很多是通过一系列的案件推动达成共识的。

不管是司法、立法还是执法，都要公开透明，越是压抑，就越有极端情绪，比如“凡是官员说的就一概不信”，封闭的习惯让很多民众已经形成这样的观念。只有公开透明，用事实让民众相信，才能建立政府的公信力。

王尔德：在构建正义观的过程中，在政治和经济领域有哪些比较好的切

入点？

何怀宏：有人说现在有两个舆论场，一个是微博，一个是官方媒体。微博里比较开放，但也确实有明显的谣言，有人身的攻击和谩骂，需要一定的自律。而对于官方媒体来说，重要的是不要说空话、套话和假话，要接近真相的陈述。如果只有新鲜活跃的思想和观念，而其实践的尝试都受到压制，就可能导致一味激烈的批判。仅有新观念而无组织与规矩的训练，这对社会其实是更危险的。所以，应当加强各种组织、规则、纪律的公民训练，可以考虑从放开民间公益团体、慈善组织、行业协会开始，制定有关团体的法规，且一旦制定就严格按照法规行事。

同时，经济方面，从发展效率来说，民企对保持经济的活力而言是不可或缺的，但是现在民企的空间受到挤压；分配方面，如何关注民生、关注最弱势者；等等。这些问题都是改革的切入点。

期待“三纵三横”合流

王尔德：你对中国未来的正义观有何期望？

何怀宏：首先我们要看到，我们是在“三纵三横”的前提下创造我们新的历史的。我所谓的祖国大陆的“三纵”，一是指中国“三千年的历史文化传统”（观念是强调尊尊、亲亲、贤贤、应得、学优、卓越、劳心、和解，最后达到的是政治入仕的机会平等与政治权利、社会地位的不平等并存，一人统治和少数治理并存）；二是指“百年启蒙和革命的传统”（主导观念是强调平等、自由、博爱、救亡、国家、斗争、革命、专政，最后达到的是社会的相当均平和政治上的一人统治）；三是指“近三十年的全球化下的市场经济发展传统”（主导观念是强调经济、市场、民生、科技、法制、改革、开放、全球，等等）。

首先，我们要吸取其中的合理成分，我比较看好三千年传统和近三十年的汇流，因为中间隔着近代，我们对三千年的文化传统认识不足、缺乏记忆，而近三十年则是走向世界的，让历史和世界拥抱，同时，近三十年温和地吸收了第二个百年传统中民主、自由的启蒙因素。因此这两者合流的空间很大。

在“三纵”之外，所谓“三横”是指不限于祖国大陆，而是就当代华人社会的经验教训而言，也包括三种：一是新加坡经验，可总结为“蕴含发展的秩序”；二是中国香港地区的经验，可总结为“蕴含自由的法治”；三是中国台湾地区的经验，可总结为“蕴含传统的民主”。在构建中国未来正义观的过程中，也应将这些观念考虑进来。

其次，就祖国大陆而言，我们也还要考虑不同民族和地区的不同经验，比如说西藏和新疆的经验。尤其对于中国这样一个多民族、多文化差异的大国来说，全面的正义观将无法回避族群的正义问题，不可能没有族群正义的地位。而且，如何处理族群的问题，对中国的民主转型是否能够成功将至关重要。在这方面，我暂时只提出一个有关精神或宗教信仰的问题。现代的正义观的确是与一种固定的宗教信仰趋于分离的，要想寻求足够广泛的社会共识也不能不如此。但信仰与正义之间毕竟又存在着某些复杂的关系，在现实生活中两者更是难分难解。

（本文载于《21世纪经济报道》2012年11月26日特2版）

青木昌彦：日本城镇化启示录

青木昌彦，世界著名发展经济学家，1998年获得国际熊彼特学会“熊彼特奖”，曾任国际经济学会主席，现为斯坦福大学经济学荣誉教授。在西方主流经济学界，他是最早关注中国经济变革的著名经济学家之一。早在1976年“文革”结束之前，他就到中国做过深入的学术考察。在中国经济高速发展之后，他多次来到中国，同吴敬琏等中国经济学家共同切磋中国经济的走向。

“无论是韩国还是日本，当总就业人口之中农业人口所占的比例降到20%以下，它的经济增长率就会放缓。”在2013年2月25日清华大学举行的产业发展与环境治理研究中心第十一届学术年会上，国际经济学会前主席、斯坦福大学经济学荣誉教授青木昌彦在接受本报记者专访时表示。

因此，青木昌彦预计，未来中国沿海地区的经济增长速度会放缓。但是内陆地区，由于农村的就业人口仍占就业人口的40%乃至50%左右，如果这些人能够流动到城市，而且也给他们提供相应的就业机会的话，仍然可以取得经济的高速增长或者比较快速的增长。

在青木昌彦看来，伴随着城镇化的快速推进，中国已经积累了众多的社会问题，如何处理这些社会问题对中国政府而言是一个很大的挑战。“以PM2.5为代表的公害污染问题可能成为进行创新的契机，问题就在于政府如何去采取相应的措施。我的建议有两点：第一，要建立一个严格规制公害的体制；第二，要创造有利于企业开展创新、竞争的环境。”

同时，青木昌彦提醒中国注意并处理好城乡统筹的问题，日本在这方面并不成功。

农业人口占比低于20%，增长将放缓

王尔德：新一届中国政府会将城镇化作为下一步中国经济增长的驱动力，那么从日本城镇化的历史来看，您认为中国的城镇化对未来经济的刺激能起到多大作用呢？

青木昌彦：我们先看一下日本的经验。从20世纪50年代到70年代，日本农业人口占总就业人口的比例从50%降到了20%左右。这一阶段也是日本经济高速增长的时期，农业与工业以及服务业相比，其劳动生产率是不可同日而语的。正因为如此，很多农业人口转移到城市，同时也带来了经济的高速增长。再看韩国，从20世纪60年代到80年代，是城市化迅速发展的时期，而且城市化也带来了高速的经济增长。但是我们也要看到，无论是韩国还是日本，当总就业人口之中农业人口所占的比例降到20%以下，它的经济增长率就会放缓。

我们再来看一下中国，从20世纪70年代末开始改革开放，中国就业人口之中，农业人口占到了80%以上，这在全球范围来看都是非常高的数字。中国

的农业人口向其他行业、城市去转移，是以一种农民工的形式，具体来说是从自己的家乡到沿海地区去打工，最后成为所谓的流动人口。而这些人呢，不仅是在城市打工，很多人已经在城市拥有了家庭，甚至孕育了子女。据说这个数字超过了2亿。这样一种农村人口向城市的转移，也是支撑中国经济高速增长的原动力之一。

中国是一个大国，地区是存在差异的。首先，沿海地区就业人口之中农村人口所占的比率已经是低于20%，或者是接近于这样的比例，因此沿海地区的经济增长速度会放缓。但是内陆地区，农村的就业人口仍占就业人口的40%乃至50%左右，这个比例还是非常之高的。如果这些人能够流动到城市，而且也给他们提供相应的就业机会的话，我觉得在这些地区仍然可以取得经济的高速增长或者比较快速的增长。

但是随着城市化的快速推进以及经济的高速增长，当总就业人口之中农业人口的比例接近或者是低于20%的话，也会带来很多的矛盾，即更多的人集中到城市后带来的矛盾会显现出来。比如说像城市的交通拥堵、公害污染问题，以及住宅保障的问题。这实际上也是日本在20世纪70年代出现的巨大的社会问题。

王尔德：这些社会问题，对日本的社会和国家体制产生了什么影响？

青木昌彦：20世纪70年代，以环境公害为代表的社会问题，引起了民众的强烈不满，也迫使政府下大力气去解决。因此当时像东京、大阪、京都这样的大城市的领导人都是在选举之中选出来的与政府作对的在野党的领导人，实际上这也给日本以自民党为首的中央政府造成了巨大的冲击。韩国也是一样，在此期间出现了军事独裁政权崩溃，从军事独裁走向民主政权的政治更迭。

当然和日本、韩国相比，中国无论是历史还是政治体制都有所不同，因此情况是不一样的。但是不管怎么说，伴随着中国城镇化的快速推进，现在已经积累了众多的社会问题，比如说以PM2.5为代表的环境污染问题，再如流动人口（居住在城市但是仍然拥有农村户籍的人口）的子女的教育问题。这些问题可能是影响中国社会稳定的非常巨大的课题。

以习近平和李克强为首的新一届领导人对于存在的这些问题，是有清醒的认识的，而且也会去采取措施解决这些问题。可以说，中国现在正站在一个历史性的转折关头。

日本如何克服城市公害

王尔德：日本在城镇化的过程中，相对成功地解决了城市病的问题。而中国在快速城镇化的过程中，也遇到了交通拥堵、以PM2.5为代表的大气污染这些社会问题。那么日本有哪些可以供借鉴的经验？

青木昌彦：城市公害的问题能否解决，取决于执政者是不是认真对待、真抓实干。以交通问题为例，随着城市规模不断扩大，商务活动或者服务业势必向中心集聚，但是在城市中心的居住成本是很高的，所以很多人被迫住在郊区，然后通过通勤的手段来上下班。但是要去解决民众的交通问题，仅仅在城市的中心建地铁是不够的，还要考虑到居住地与城市中心这种地铁的接驳问题。在日本，它的郊区的电车是非常发达的，而且和地铁有很好的接驳。比如说你是住在离城市30分钟或者1小时车程的地方，仍然可以快捷地通过地面的郊外电车和地铁连贯运行，这样的话就形成了一个交通的网络。这一点是十分重要的。

我想在中国需要完善这方面的设施。中国很多的城市现在都在建地铁，但是仅仅有城市中心的地铁是不够的；在城际之间中国在发展高速铁路，仅仅靠高速铁路也是不够的，还应该有其他的网络状的手段来弥补它。也就是以城市中心的地铁为核心建立起城市郊区以及城市之间完善的交通网络。

再谈城市公害，这一问题当时在全球范围内都广受瞩目。比如说美国就通过了限制汽车排放废气的法律叫《马斯基法》。但是这个法律由于过于严格，在美国并没有得到很好地执行。同时在日本也是制定了类似的法律，而且执法做得很好。比如，汽车行业为了满足法律的要求付出了巨大的努力，它们要实现公害排放减少这样一个目标，但是正因为如此，日本的汽车反而提高了性能，最终形成日本汽车称雄于世界的一个契机。同时，日本当年还面临一个重大挑战。在1975年前后出现的石油危机，造成了油价的暴涨，日本所有的能源完全依赖于进口，所以面临前所未有的危机。但是正因为如此，日本开发出了世界领先的节能技术。

可以这么说，日本通过努力实现了变危为机。公害污染存在的问题都可能成为进行创新的契机，问题就在于政府如何去采取相应的措施。我的建议有两点：第一，建立一个严格规制公害的体制；第二，创造有利于企业开展创新、竞争的环境。

应把土地改革和户籍改革联系起来

王尔德：目前日本的城镇化进程基本已经结束。您能否介绍一下，日本在城镇化过程中是如何处理城乡统筹问题的？

青木昌彦：日本全国就业人口之中农业人口只有3%左右，但是日本是不是真正做到了城乡统筹均衡发展，我还是存疑的。在20世纪50年代，日本也进行了土地改革即土改。具体来说，过去很多的土地是由地主拥有的，但是通过农地的改革让土地的所有权回归这些佃户，这样的话，对于农民来说，他就有了一个非常珍贵的资产。同时，日本对于耕地也严格地限制用途，把耕地转变为工商业用地，需要履行严格的程序。

但是农民的第二代，上了高中或者进了大学之后，不愿意再从事农业，因此更多的人是选择去工厂打工或者是到城市去从事服务业。因此，和韩国一样，日本出现了农村就业人口大幅度减少。当农民的第二代去打工之后，农村剩的都是他们的父母，他们现在都是老头儿、老太太了。但是在这个过程之中，日本的农业并没有完全荒废掉。这是因为日本农业技术在很快地发展，比如说化肥的使用已经运转自如，能够适应日本耕地要求的小型的拖拉机等农业机械得到了普及，因此日本农业得到维持和发展。这些农村的老人，只需要子女在夏天休假时回家帮帮忙就可以进行农业生产了。

此外，日本对农业采取了特殊的价格保护政策，尤其是稻米，由政府统一高价收购。虽然每家农户的耕地面积很小，效率不高，但这种保护性的价格政策，让农民的收入最起码与城市工人的收入持平。

实际上这个制度是从20世纪50年代开始起步的。当时政府制定政策时，认为那一代农民的寿命不会太长，所以当他们死亡后，很多人离开农业了，自然会形成农业的耕地集约化生产，从而提高效率，因此政府不需要长期进行补贴。但是，没想到日本人口的寿命越来越长，很多人活到了今天，因此这种稻米收购补贴的政策持续到了今天，以此来维持日本农民的收入。这就造成一种现象，农民的收入反而超过了城市工人的收入。

王尔德：日本全国就业人口之中农业人口只有3%左右，这对日本的粮食安全有什么影响？

青木昌彦：现在日本稻米的产量是供过于求的，但像包括小麦在内的其他谷物更多的是依赖进口，主要从美国和澳大利亚进口。现在，日本整体的粮食自给自足率是50%以下，正因为如此，农民就有一种理由说要想确保日本农业和粮食的安全，不应该实行自由贸易。

其实，这一点对于中国也是很有启示的。我们知道，中国的农民对土地并没有完全的所有权，而是拥有30年的土地承包经营权，但实际上，这种权利是接近于所有权的一种权利，类似于日本20世纪50年代所进行的农地改革。但另一方面，我们看到更多的中国农业人口不断地流向城市，他们希望在城市接受更好的教育、更好的医疗，从而成为了流动人口。我个人认为应该把土地制度改革和城市户籍改革联系在一起，也就是说你可以获得城市的户籍，但是另一方面你要放弃你所拥有的土地承包权。

（本文载于《21世纪经济报道》2013年3月1日6版）

杰里米·里夫金：我们正处于第三次工业革命的开端

杰里米·里夫金，美国华盛顿特区经济趋势基金会总裁，享有国际声誉的社会批评家和畅销书作家，著有《第三次工业革命》、《工作的终结》、《生物技术的世纪》、《路径时代》，等等。

在2008年金融危机之后，欧美世界重提“再工业化”。

在这种背景下，工业化问题再次成为舆论界关注的核心议题之一。在2011年9月，著名趋势学家杰里米·里夫金出版了《第三次工业革命》一书，预言一种建立在互联网和新能源相结合基础上的新经济时代即将到来。

而在2012年4月，英国《经济学人》杂志也推出了“迎接第三次工业革命”的专题，认为未来的制造业正朝着数字化方向发展。

为此，笔者专访了杰里米·里夫金。

不同意《经济学人》的看法

王尔德：对人类的工业革命依据不同的标准，有不同的划分。比如2012年4月21日出版的《经济学人》杂志认为，头两次工业革命分别是18世纪后半叶以英国纺织机械化为标志的第一次工业革命和以20世纪初福特汽车公司大规模生产流水线诞生为标志的第二次工业革命，而第三次工业革命则是指以数字化制造及新型材料应用为代表。您怎么看待他们这种划分？

杰里米·里夫金：我很高兴你问了这个问题，因为我认为现在大家（包括《经济学人》杂志）对工业革命往往有一个根本上的错误认识，这就是为什么你有以上的疑问了。无论是那些古老的大河文明（hydraulic civilizations），还是第一、第二次工业革命，人类历史上所有经济和生产力的进步在其产生条件上都有两个共同之处，那就是：第一，能源使用方式发生变革；第二，可以管理这能源系统的新信息手段出现。

例如，在采集狩猎的时代，人类90%的生活必需品来源于采摘和狩猎者，因为那时我们还没有学会驯化动物。所以，采集狩猎时期的社会的能源主要是人力，同时运用计数系统来管理那些采集狩猎到的物品。如果你来到大河文明的国度，去参观那些在中国长江、印度恒河河谷、美索不达米亚两河流域和墨西哥的河流上建立起的大型水利设施建设，你会发现那时的能源还是绿色的。

换句话说，人类通过耕作将太阳能储存在谷物中，这就是我们的能量的来源。这些是庞大的中央集权的农业文明。它们有着精致复杂的统治体制，因为组织千百万草原部落从游牧生活转向规律的耕作生活需要卓越的管理才能。君王需要组织人民修建运河、灌溉体系，需要建设城市，铸造货币。文字就在这样的背景下应运而生。特别要注意的是，这些社会都独立地发明出一套文字体系来管理其伟大的文明。在19世纪，人类手工印刷术为蒸汽驱动的印刷术所取代。这个通信方式的进步是人类可以大量廉价地印发书籍刊物。我们建立了公立的学校，因为我们需要培养出识字的技术工人。正是这些人管理和推动了蒸汽驱动的复杂的工业革命。在20世纪的第二次工业革命中，电话、电报以及后来的电视、广播，使得管理分散在更大范围内的、有更大流动性的国民经济成为可能。汽车开始广泛使用，电力设施、公路、工厂、城市大规模地建设，这时的能源消费结构是石油和电力。第二次工业革命的成果现在看来难以适应新的发展需要：化石能源在枯竭，其价格飞涨加重了成本负担；其科技，中央电网体系、汽油和柴油的内燃机已非常过时，更别提基础设施的规划；等等。

所以，我们现在在第三次工业革命的开端。我们正呼唤由新的信息通信系统和新能源使用系统结合而创造的一次革命。可以这样理解，我们需要设计一个能使人们从事商业的体系，能源就像血液，而通信系统就像神经系统。

王尔德：在您看来，第三次工业革命的标志是，互联网和可再生能源的结合将会形成新能源互联网。那么这次工业革命现在具有哪些基础？

杰里米·里夫金：我们正处于第三次工业革命的开端，个人电脑和网络的使用使我们的生活发生了很大变化，其创造的沟通方式非常有趣。我成长在20世纪，那时我们主要的传媒方式电视是一对多的、自上而下的、集中式的、垂直的。与我不同，如今35岁以下的一代人所熟悉的通信方式是横向的、用户对用户式的网络。在第三次工业革命开端，欧洲，特别是德国，正在将这种分散式扁平式的通信科技应用于能源系统，结合成分散式能源体系。这里我想介绍一下分散式能源。与那些仅在少数地方蕴藏，需要大量军事、资本投资的传统能源不同，它在世界每个角落都可以被找到。例如可再生能源，太阳能、风能、地热、潮汐能等等。它们蕴藏量大，可以供人类使用到历史的终结。

第三次工业革命的支柱包括五个方面：向可再生能源转型；将每栋建筑物转化为微型发电厂，以便就地收集可再生能源；在每一栋建筑物以及基础设施中使用氢和其他存储技术，以存储间歇式能源；利用互联网技术将每一大洲的电力网转化为能源共享网络；将运输工具转为插电式以及燃料电池动力车，这种电动车所需要的电可以通过洲与洲之间共享的电网平台进行买卖。

中国应吸取美国的教训

王尔德：放眼全球，第三次工业革命是在概念构想中，还是已经正在发生了？

杰里米·里夫金：欧盟正致力于第三次工业革命五个支柱的基础设施建设。德国毫无疑问是这次工业革命的先锋。我很荣幸参与并和欧盟合作制定这项将历时12年的计划。德国在这项计划中担当领导角色，我正式向德国首相默克尔提供建议。第一个支柱：欧盟委员会提出的20-20计划，那就是欧盟成员承诺可再生能源消费量占总能源消费量比重的20%。第二个支柱：如何收集这些可再生能源呢？欧盟原本准备集中在意大利、希腊和西班牙建设大型的太阳能发电厂，然后通过高压输电线输送到其他国家。当时无人反对，但是从这几年的事实来看，我们无法通过集中太阳能、风能项目来支持整个欧洲大陆经济发展。

因此，特别希望提醒中国的朋友不要再重蹈我们的错误。如果可再生能源可以在任何地方找到，为什么我们非要在集中的地方收集它们呢？所以我们需要重新认识构成世界的一砖一瓦，将每一处建筑转变成能就地收集可再生能源的“迷你”能量采集器。虽然房屋会产生很多的二氧化碳，但同时也可以发挥正面的作用。中国在这方面有很大的发展潜力。欧洲刚刚开始建设能收集可再生能源的住宅，很快中国也可以引进这项技术。这项浩大的工程可能持续40年，来将每个住宅转换成小型发电厂。

这就如同史蒂夫·乔布斯当初面临的处境一样。开始时电脑是笨重的大型机，但是如今个人电脑用户有23亿，而且有很多小型的软件和应用的开发公司。现在，我们有垄断的大型公共能源公司，它们生产能源然后卖给我们。未来，我们会有数以百万计的小型住宅发电并把多余的电回售给电网，生产成本也会越来越便宜。第三个支柱：将氢和其他可储存能源储存在建筑里，利用社会全部的基础设施来储藏间歇性可再生能源，并保证有持久可依赖的环保能源供应。第四个支柱：利用网络通信科技把电网转变为智能通用网络，从而让上百万的人可以把周围建筑产生的电能输送到电网中去，在开放的环境中实现与他人的资源共享，其工作原理就像信息在网络上产生和传播一样。第五个支柱：改变由汽车、公交车、卡车、火车等构成的全球运输模式，使之成为由插电式和燃料电池型以可再生能源为动力的运输工具构成的交通运输网。在全国和州际建立充电站，人们可以在充电站买卖电能。

同时，奥巴马总统希望重振绿色经济。他没有联系地看待这五项支柱，而是花千亿美元在单独的项目上。中国应该吸取这个教训，同时发展这五项支柱产业。只有当这五项产业协同工作，才能创造最大的价值和效率。

王尔德：那么，你认为此次工业革命的最大阻力是什么，是传统能源公司或政府吗？

杰里米·里夫金：这是两个比较大的阻力。但对我来说，能源公司并不是个大问题。因为相比以上谈到的五大支柱产业（建筑房地产、交通、电力和新能源、IT产业），能源公司只是一个小的利益相关者。这些支柱产业创造了新经济模式。另外，一旦能源自由交易，这对政策制定者也会是个挑战。互联网实现信息的民主，第三次革命会实现能源的民主。

助力亚洲政治联盟的形成

王尔德：第三次工业革命将对世界政治经济格局产生哪些影响？

杰里米·里夫金：随着信息、能源、市场和物流手段的民主化，政经格局的改变将是，地方会成为变革的主导力量，中央政府的角色则是推动者和协调者。这次的全球化是大洲和大洲之间的，我们的电网和互联网需要把位于不同大洲的房屋节点连接起来，会有更多的像欧盟这样的洲际政治联盟成立。

王尔德：在第三次工业革命中，您认为中国具有哪些优势和劣势？中国能否成为领导者？如果中国想成为领导者，您对此有哪些建议？

杰里米·里夫金：中国的优势在于广袤的地域和巨大的市场。同时，我看到这里的年轻人对新观点是如此地感兴趣，这是我在美国不曾看到的。劣势是这次革命会带来权利的分布扁平化，市场更自由化，中国需要改变相应的观念，我相信这些观念在不同代人之间已悄然变化。中国可以成为这次革命的领导者。我对中国政策制定者的建议是，政府、企业和公民社会需要在中央、地方层面多进行交流和协调，尽快开始第三次革命的基础设施建设，建立起新经济模式的发展规划。

王尔德：您曾经提到，在亚洲开展第三次工业革命基础设施的建设将有利于泛大陆市场的培育并加速亚洲政治联盟的形成。对此该如何解释？在亚洲政治联盟中中国将扮演什么角色？

杰里米·里夫金：很高兴你问了这个问题。简单来讲，第三次革命促进的节点式、横向、洲际的全球化基础设施，以及由此形成的市场，会促进政治联盟的形成。很多人问欧洲下一步的发展规划是什么，欧洲下一步的规划就是第三次工业革命。整个欧洲的房屋将作为节点连成网络，网络有不断扩展的趋势，因为只有属于不同大陆和时区、不同地理和气候条件的房屋加入，才能有足够调剂余缺的交易产生。同时，随着五个支柱的基础设施工程建设一步步展开，欧盟将成为这个跨区的工程的规划、协调和运作的管理者。

（本文载于《21世纪经济报道》2012年6月25日28版）

第二章

改革进程

江春泽：
市场经济体制是通往经济繁荣发达的必由之路

江春泽，国家发改委宏观经济研究院研究员，著名经济学家，曾任中国社会科学院世界经济研究所研究员、博士生导师，国家体改委国外司副司长，国家计委研究中心重大课题协调司司长，著有《比较经济体制学——经济体制择优的理论与方法》等著作。

1990年9月，时任国家体改委国外司副司长的江春泽写了一个材料，名为《外国关于计划与市场问题的争论和实践以及对中国的计划与市场关系的评论》（以下简称《计划与市场》），获得中央首肯。

对江春泽这份获得高层肯定的材料，国务院发展研究中心研究员吴敬琏曾做出如下评价："江春泽用简明通俗的文字，把上下一百年全世界关于计划与市场问题争论的历史与实践概括地加以阐明，指出这不过是资源不同配置方式之争，与社会基本制度并无必然联系。这篇报告起了突破禁区、呼唤继续推进市场取向改革并建设市场经济体制的作用。它适逢其时地为当时的中央领导人所接受，有利于党内决策层思想认识的统一。"

在《计划与市场》之外，江春泽还于1990年12月撰写了另外一份材料《比较·选择·前景——苏东国家与我国处理计划与市场问题的不同做法、不同后果》（以下简称《比较·选择·前景》），由国家体改委上报中央，再获中央首肯。

上述两份材料都有明确的针对性，破除了“计划经济＝社会主义”、“市场经济＝资本主义”的理论误区，认为社会主义与市场经济可以兼容，其观点都为中央主要领导人接受，对于推动建立社会主义市场经济体制的改革目标，做了很好的信息和理论铺垫。

本着对历史负责的态度

王尔德：您在写作《计划与市场》一文之前，国内关于计划与市场争论的氛围如何？

江春泽：粉碎“四人帮”以后，经过拨乱反正和开展真理标准大讨论，一方面，从中央领导人到理论界，都有相当多的人在实事求是地冲破僵化的传统观念，逐步解放思想，反思中国的发展道路。

但另一方面，也有不少人抱着固有的观念不放，他们不正视现实，所以在整个改革开放过程中，反对之声也是不绝于耳。尤其对“市场经济”，传统观念视之为社会主义的对立面、异端，谈论或主张搞市场经济者则是异己分子。1989年的政治氛围是传统观念又回潮，对市场取向的改革要问“姓社或姓资”，“方向”、“道路”、“颠覆社会主义制度”、“资本主义复辟”、“资产阶级自由化”等政治帽子充斥主流报刊。改革处于停滞甚至倒退的危急关口。“市场经济”成了政治敏感区。

王尔德：在这样涉及路线之争的政治氛围里，当要求您写介绍国外关于

计划与市场争论情况的材料时，您当时是怎么考虑的？

江春泽：我深知此问题的敏感性，不可能没有顾虑。再加上体改委机关当时处于“被清查”的地位，当我找有关同事商量时，大家对此任务表现冷淡，还劝我不要在材料中表露什么观点，摘几条外国人的语录交卷算了。但我觉得这样不妥，经我之手撰写材料，我就要对历史负责，要讲真话。应当抓住这个机会，针对误解，摆出史实，讲清道理，说清楚“计划与市场不是社会制度的根本特征”，也不是“意识形态的分水岭”。

这个问题，我自己也经过前后十多年的思想逐步解放、认识逐步深入，从泛读文献资料到实地考察，我得到的最后答案是：市场经济的效率是任何社会经济通往繁荣发达的必由之路。所以，关键是，如何能使决策层取得共识，形成决议，变成广大群众的物质力量，从而推动改革继续前进。于是，尽管有风险，我还是要本着“对历史负责”的态度来写。

从沉重的教条禁锢中解脱出来

王尔德：在写作《计划与市场》时，您是如何在碰到这个政治敏感区时没有触电反而得到了首肯呢？

江春泽：计划经济的传统理论与实践对人们的头脑束缚得太久太深了，在突破传统观念的过程中，认识出现反反复复的现象是可以理解的。因此，我认为，不能用批判不同观点的口气来写，而要用提供事实和信息进行说服和探讨的方法来写。于是，我决定用最精炼的篇幅，用摆事实的方法，客观地描绘一幅纵观一百年、横贯全世界的关于计划与市场争论以及当代实践的图景。

当时我就做好了交到领导那里就通不过，要我反复修改的心理准备。出乎我意料的是，第一关顺利通过了，没让我再修改就已经上报了。更出乎我意料的是，不久就得到高层的认可和称赞。

王尔德：在这份材料里面，您表达了一些什么观点呢？

江春泽：我没有明确表明个人观点，我觉得这并不重要。但是，在我列举的文献和事实中隐含了以下的想法：

第一，最先设想用计划机制取代市场方式来配置资源的，以及后来发展与捍卫这一设想的帕累托、巴罗内和泰勒，都是意大利和美国等西方的学者，他们并非马克思主义者，更不是共产党员。所以，不能以对待计划与市场的态度来作为意识形态上坚持或反对马克思主义的分水岭。

第二，关于计划与市场的提出是1902年，争论起始于20世纪初，那时世界上还没有诞生社会主义制度。问题的提出是设想未来社会将用什么样的方式来配置资源。可见，计划与市场只是两种不同的资源配置方式，而不应把它视为捍卫或反对社会主义制度，更不能作为两条道路斗争的政治工具。

第三，奥地利学派的领袖人物米塞斯、哈耶克等学者批评的论据，主要是计划经济的“信息不全、不真、滞后”，导致资源的“误配置”、“浪费”、“低效”等，也是可以研究的。社会主义各国几十年来此起彼伏的经济体制改革浪潮，正是计划经济在实践中出现许多矛盾和弊端的反映。我们可否深入思考一下，为什么社会主义制度下就不可以运用市场方式来配置资源以提高效率呢？我们为什么要捆住自己的手脚，拒绝运用市场作为配置资源与调节经济的手段呢？

第四，西方国家已普遍采用种种宏观调节经济的手段对市场进行必要的干预甚至国际协调，“看得见的手”与“看不见的手”相结合已成为反危机的普遍手段，而宏观调节是在市场配置资源的基础上进行的，即主观是建立在客观的基础之上。资本主义可以用“计划”手段，社会主义为什么不可以用“市场”手段呢?

这样，就把几十年来禁锢社会主义各国执政党领导人和主流经济学家头脑的教条“如释重负”地还原为关于资源配置方式的学术或具体政策的争论了。

与“南方讲话”精神一致

王尔德：在《计划与市场》之外，您又写了一份材料获得中央领导的首肯，您能介绍一下有关的情况吗？

江春泽：在前一份材料获得中央领导认可之后，我就“乘胜追击”，为进一步消除认识误区，于1990年11月5日至7日又召开了“关于苏东国家计划与市场”问题的研讨会，在体改委领导的支持下，我邀请了30多位长期驻苏东各国的外交官、记者、访问学者来共同研讨。会上，大家都以亲历亲睹的大量事实说明，这些国家不是什么“市场化了”，真实情况是市场极度不发育，正因为没有市场经济的环境，国家计划无从检验其供求是否平衡，造成长期资源按主观意志配置，导致消费品长期体制性供应短缺，民生日益困难，人民对执政党和政府丧失信心，执政党在无硝烟中下台。

根据领导的指示，我写了研讨会纪要，标题是《比较·选择·前景》，副标题是“苏东国家与我国处理计划与市场问题的不同做法、不同后果”。这份材料使领导层能得到准确的外部信息，正确解读苏东国家当时的形势。这也有利于进一步消除对市场经济的恐惧。

政府与市场的边界需进一步合理化

王尔德：二十年过去了，您如何看“十四大”提出的建立社会主义市场经济目标及其落实情况？

江春泽：首先，无论从数字看还是从形象看，二十年来中国面貌的变化是巨大的。事实证明了，市场经济体制是任何社会通往经济繁荣发达的必由之路，因为它有效率，能促进生产力迅猛发展。

如果有人对市场经济体制仍持怀疑或反对态度的话，不妨重新温习一下马克思在《共产党宣言》中的一段描述。马克思说，“资产阶级在历史上起过非常革命的作用”，使它在“不到一百年的阶级统治中所创造的生产力，比过去一切世代所创造的全部生产力还要多，还要大”。“它第一次证明了人的活动能够取得什么样的成就。它创造了完全不同于埃及金字塔、罗马水道和哥特式教堂的奇迹，它完成了完全不同于民族大迁移和十字军东征的远征”。“不断扩大产品销路的需要，驱使资产阶级奔走于全球各地，它必须到处落户，到处创业，到处建立联系”。“由于开拓了世界市场，使一切国家的生产和消费都成为世界性的了”。“市场总是在扩大，需求总是在增加”。“世界市场使商业、航海业和陆路交通得到了巨大的发展。这种发展又反过来促进了工业的扩展”。“自然力的征服，轮船的行驶，铁路的通行，电报的使用，整个大陆的开垦，河川的通航，仿佛用法术从地下呼唤出来的人口——过去哪个世纪能够料想到有这样的生产力潜伏在社会劳动里呢？”如果用马克思当年描述资本主义经济发展史上生产力飞跃发展的状况来描述一下中国近二十年的变化，不是更加生动吗？究竟靠的是什么“法术”呢？显然，那就是竞争性的市场经济体制。

反之，如果二十年前改革倒退，仍然惧怕市场经济，那就很难避免苏东国家当时的“多米诺效应”。而一旦社会动荡，改革与发展再打乱重来，付出的代价就要沉重得多，老百姓为此要承受的痛苦也就更多了。所以，改革开放的方向不能动摇，不能走回头的弯路。20世纪世界历史上的一件大事，就是世界上有十多个国家（后分解为三十多个国家）的16.5亿人口先后从中央计划经济体制向现代市场经济体制转换，与其他多数国家不同的是，中国在告别计划经济向市场经济转换的时候，仍然高举着社会主义的旗帜，社会震荡最小，而且，一年比一年繁荣、进步、兴旺发达。我们每一个中国人都要珍惜这来之不易的成果，沿着社会主义市场经济体制的改革目标继续前进。

当然，现在，我们的市场体制仍然很不成熟，还亟待健全完善。2003年《中共中央关于完善社会主义市场经济体制若干问题的决定》提出的措施都很好。

王尔德：对下一步的改革，您有哪些建议？

江春泽：首先，要进一步整顿和规范市场秩序，即明确规定各类市场主体在经营活动中必须遵守的规则和惯例，公平竞争，依法治市。市场经济是信用经济，没有信用就没有秩序。只有在诚信的基础上才能实现公平交易。我们的市场上还存在不少欺诈、弄虚作假等混乱现象，如：假冒伪劣商品泛滥、编造假账假数据、偷税漏税、逃避债务、投标招标弄虚作假、运用各种手段搞不正当竞争等等，所以会计信用体系和市场监管体系需要再加强和健全。城乡二元结构、地区封锁、部门垄断等还要进一步打破，真正实现无歧视的公平竞争；权钱交易等腐败现象还有待从体制和机制上加以根除；资本市场还处于幼稚的阶段，需要深化改革和规范与完善。

其次，要使政府与市场功能的边界进一步合理化。建立市场经济体制就是要改变“看得见的手”包办代替“看不见的手”的状况，由控制、管理转换为依法行政和公共服务。现在，一方面，市场在资源配置中的基础作用还发挥得不够，如民营企业进入基础设施、制造业、金融业的“门槛高”、

“限制多”，某些行业如石油、铁路、电信等垄断性强，这些企业少缴利润、滥发奖金、任意抬价等情况，也是扩大收入差距的原因之一，而垄断行业受到政府保护，群众对此不满。

另一方面，当市场在资源配置中开始发挥基础作用的时候，政府要注意统筹好城乡和地区之间协调发展、统筹好经济与社会以及人与自然之间的和谐发展，统筹好国内发展与对外开放的关系，统筹好鼓励竞争与维护弱势群体利益的关系，保证人民在受教育、就业和福利方面的社会公正。健全的社会保障体系是市场经济体制的安全阀，要逐步做到低保与医保覆盖全社会。政府职能要根据这个方向继续深化改革。

最后，要以反贪腐作为切入口，协调好经济改革与政治改革。贪腐弥漫，是人民最痛恨的，是损害经济发展、损害执政党形象和影响党群、干群关系的毒瘤。突破反贪腐，既是经济改革也是政治改革的内容。

但是，中共“十四大”明确提出要“发展社会主义民主政治”。中共“十五大”明确提出“依法治国”，“建设社会主义法治国家”；中共十六届三中全会决定提出“要积极稳妥地推进政治体制改革，扩大社会主义民主，健全社会主义法治”；中共关于《加强党的执政能力建设的决定》还阐明了积极稳妥推进政治体制改革的若干重要问题。文件上已经写过的内容应当切实执行，从当前现实生活中存在的问题来看，尤其要落实“以保证司法公正为目标”推进司法体制改革，“保证人民依法行使选举权、知情权、参与权、监督权”，“保障公民的检举权、控告权、申诉权”，以制约公权力的滥用。此外，还要更好地发挥人民代表大会、政治协商会议等机构的功能，使之真正地起到对公权力的制衡作用。

这里，还要特别强调一下媒体的监督作用。在美国发展史上，也曾有一段时期贪腐盛行，就是通过媒体的所谓“扒粪运动”（官方称“进步主义运动”）来揭露和制止的。当然，对媒体的作用也要立法，从法律上既要保证它积极发挥监督作用的正当权利，也要依法防止和处置无中生有、人身攻击、扰乱社会安定等做法。

关于反贪腐，远的不说，近的就说香港，为什么香港廉政公署当年能扫除香港的贪腐？可见，关键在于决心。

（本文载于《21世纪经济报道》2012年10月29日11版）

涂俏：
袁庚——改革开放马前卒

涂俏，《袁庚传》作者，记者、作家，先后供职于《深圳晚报》与香港《文汇报》，新闻生涯十八载。现为深圳海天出版社编辑。中国作家协会会员，中国报告文学协会会员。

回顾改革开放三十周年的历程，人们不能不提深圳蛇口这支改革的“试管”。蛇口是中国改革的第一块试验田，而袁庚就是在这个“特区中的特区”进行实际运作的第一人。涂俏用三年时间，在采访多人和翻阅大量内部档案的基础上，计划完成《袁庚传》三部曲，将为我们了解袁庚的生平提供翔实而全面的资料。目前，第二部《袁庚传·改革现场》已经出版，为我们再现了袁庚当年开拓探索的历史现场。为此，本报采访了涂俏，以求启迪第二轮更为宽广的思想解放活动。

蛇口的全国之最（1978～1990年）：

全国第一个对外开放的工业区——蛇口工业区

全国最大的计算机硬盘磁头生产企业——开发科技（蛇口）有限公司

全国最大的计算机开关电源生产企业——华德磁电有限公司

全国最现代化的浮法玻璃生产企业——广东浮法玻璃有限公司

全国首家高级镀银生产企业——蛇口宏达镜业有限公司

全国第一家工厂化养鳗生产企业——蛇口鳗业有限公司

全国最多式样的电话机生产企业——蛇口泰丰电子有限公司

全国第一家液化气专业航运公司——蛇口华南液化气船务有限公司

全国第一家专业引航服务公司——蛇口南方船舶引航公司

全国首创筑港方式——蛇口方桥淤泥插板方式

全国第一家企业自办的对外开放港口——蛇口港

全国第一家企业自办的股份制商业银行——招商银行

全国第一家股份制保险企业——蛇口平安保险公司

全国首批国产计算机辅助工程工作站——蛇口科健CAE电子工作站

全国第一个全面实行招标承包进行工程开发的工业区——蛇口工业区

全国第一个实行职工住宅成本化管理的单位——蛇口工业区

全国最大的海上娱乐船——蛇口“海上世界”

全国最早成立的律师事务所——蛇口律师事务所

全国第一家保安服务公司——蛇口保安服务公司

全国第一个提出“时间就是金钱，效率就是生命”的地区——蛇口工业区

全国首创核磁共振成像诊断仪的生产企业——蛇口安科公司

全国最现代化的海上石油勘探服务基地——深圳赤湾石油基地

全国首个企业集资建成的港口——深圳赤湾港

全国首座深水导管架制造场地——深圳蛇口赤湾

——摘自《深圳的全国之最》，海天出版社，1990年。

王尔德：在改革开放过程中，袁庚处于一个什么样的位置？

涂俏：有人说，中国的改革开放是一个自上而下的过程。但我始终认为，中国的改革开放不是少数人推动的，而是多数人推动的，这个多数人，指的是在当时的社会环境下，渴盼改革、对改变现状有要求的所有中国老百姓。无论党的高层领导，还是普通百姓，都觉得再这样下去的话，中国是没有出路的。改革就是在这样的形势下产生的。

我更赞同这样一种说法，中国的改革开放是少数人代表多数人的意志去推动、去实际操作的。

我说的这个少数人，是指高层领导。改革是高层领导代表了多数百姓的意志去推动的。你可以掰指算一算，1978年那一年发生的重大事情。

5月，新中国第一个赴西欧考察的国家级经济代表团，由国务院副总理谷牧率领，历时一个多月，在法国、联邦德国、丹麦、比利时、瑞士五国进行考察，考察报告向中国提供了大量的信息与建议。

7月至9月，国务院召开务虚会，专题研究加快中国四个现代化进度的问题。这次会议产生了一些过去从来没有过的理念，比如强调要放手利用外国资金，大量引进国外先进技术和设备。同时，会议还讨论了经济管理体制改革的问题。

8月，各省、市、自治区和军队各大单位负责人纷纷表态，公开支持“实践是检验真理的唯一标准”，表达的不只是学术观点，而是对重大政治原则问题的立场。

而开了36天的中央工作会议，从11月10日至12月15日，如此之长的工作会议，在中国共产党的历史上是绝无仅有的。闭幕会上，邓小平做了题为《解放思想，实事求是，团结一致向前看》的重要讲话。

紧接着，1978年12月18日至22日，只开了5天的中共十一届三中全会取得了丰硕的成果。全会公报宣布："全国范围内的大规模的揭批林彪、'四人帮'的群众运动已经基本上胜利完成。全党工作的重点应该从1979年转移到社会主义现代化建设上来。"并且，全会号召全党解放思想，实事求是。

正如我书中所说："实行改革、开放与搞活，是中共高层领导经过历史阵痛后的一次集体抉择，是全国共产党人顺应潮流、与时俱进的智慧结晶。"在这个过程中，袁庚是一个具体的操作者，也就是大家常说的"改革开放马前卒"。在我最早采访袁庚时，袁庚也跟我多次谈到了十一届三中全会，尤其是公报里的那段话："多方面地改变同生产力发展不相适应的生产关系和上层建筑，改变一切不适应的管理方式、活动方式和思想方式。"这段话，对他的影响很大。

每挪动一步，都十分艰难

王尔德：袁庚在改革之初是如何破除经济体制之弊的？

涂俏：我记得，经济学家宦乡曾经这样评价过袁庚，说他之所以搞出个蛇口，就是因为他对中国的计划经济一窍不通、一无所知。

这句话是对的，在我最初的采访中，袁老告诉我，这一切与他的经历有关。他年轻时担任东江纵队情报处处长。刚解放就远赴越南，作为情报与炮兵顾问，秘密援越。1951年5月奉调回国后，就在北京参加了高干班的学习，听苏联情报顾问讲课。翌年8月，他被外派到印度尼西亚雅加达任中华人民共和国驻雅加达领事，直到1959年才回国。回国后调任中央调查部一局任副局长。1968年4月至1973年9月，他被拘捕，囚禁于秦城监狱长达5年半时间。1975年10月恢复工作，调任交通部外事局负责人。1978年10月，即被任命为交通部所属的香港招商局常务副董事长，主持招商局的全面工作。你看，在他开发蛇口之前，他从来没有搞过经济工作，即便在国内工作也只是搞调查工作，从来没有办过企业，主抓过经济工作。所以，他与别人不同，几乎没有受到计划经济体制的“熏陶”。何况，他一到香港后，香港的市场经济体制给他的影响非常大，他发觉，香港的经济之所以飞速发展，与香港的市场经济体制有很大的关联。可以说，在开发蛇口工业区时，他借鉴了香港的许多做法与经验。

这里还有一个重要的小插曲，正是这个小插曲，让袁庚更深刻地看到了计划经济体制的弊端。还是在1976年年底，丹麦船厂受交通部之邀赴上海参观造船厂。丹麦人问上海造船厂负责人：你们的员工有多少人？造船的周期有多长？得到的回答是：上海造船厂12000人，每年造2条万吨级船。而对比丹麦宝隆洋行，其下属的造船厂仅1700人，每年造12条万吨级船。叶飞听后很震惊，当即找来袁庚商量，拟学习西方的造船经验，将上海造船厂的管理权交给丹麦人。在以阶级斗争为纲的年代，在计划经济体制下，我们社会主义的国有工厂竟要交给资本主义国家的专家去管理，这个叶大将军也是够胆大的！

袁庚那时负责的是外事工作，他受命请来上海造船厂的书记与厂长，将叶飞的想法灌输给他们。书记与厂长反问袁庚：如果把丹麦方面的权力交给我们，上海工厂只用1000多人也可以搞好，为什么不交给我们？裁掉的10000人交到哪里去？丹麦人能解决这个问题吗？

当时，听完这一切，袁庚无言以答。在计划经济的国土上，每挪动一步，都是十分艰难的。

王尔德：袁庚的三大遗憾之一是在20世纪80年代霍英东、李嘉诚等香港大资本家要在蛇口投资入股，囿于当时的意识形态，他谢绝了。但他在1982年7月，成立了中国第一家股份制中外合资企业——中国南山开发股份有限公司。袁庚是如何理解股份制的？

涂俏：早在袁庚计划动议开发赤湾时，他就反复思考过股份制这个问题。股份制的最大好处是各大股东之间可以相互制约、相互监督。在香港，经营管理得好的企业便是股份制企业。上市公司固然是股份制的，非上市公司也大多都是股份制的，连一些家族式企业，也往往搞成股份制，兄弟姊妹入股。

但是在蛇口，工业区是全资国营的，事事都要请示汇报，而在招商局，由于它是交通部的子公司，也往往受到国家的控制。袁庚一直想找到一个开发赤湾的方式，来对国有的企业进行制约与监督。他想，中央要招商局负责组建公司开发赤湾，本来可以按工业区这样搞成全资国营的，但确实弊端太多。况且，蛇口工业区的财力不足。中银、华润、深圳市都希望联合开发赤湾，那么，能不能试一试搞个股份制?

在袁庚的努力下，1982年中国南山开发公司成立。它是由不同的股东组成，由于出资者不同，站的角度也就不一样。这样一来，这个企业就成了中国第一家股份制企业。

1982年，在中国，国有企业的改革还远远没有提上议事日程，那时，叫得最响的一个字是“包”字。对国企实行股份制改革，无论是理论还是实践，都没有多少人去碰触。五年后，也就是1986年年底，中国国有大中型企业才开始了自己的“股份制”改制的艰难历程。

“没有纯粹的经济问题”

王尔德：袁庚认为，“没有纯粹的经济问题”，那么他在行政体制改革方面做了哪些尝试呢?

涂俏：他在这个方面的尝试太多了。就在1983年，袁庚在自己的蛇口

“试验田”里所要进行的改革触及的已经不仅仅是经济体制问题，而是最敏感、最能触动既得利益者利益、打破领导职务终身制、领导干部从任命制走向选举制等行政体制改革的深层次问题。他长期在体制内工作和生活，对“现行体制中的弊端”有切肤之痛，对行政体制改革有相当清醒的认识。

至于具体的尝试呢，我则简单地举袁庚两个最重要的方面：一是袁庚决定在干部范围内对领导班子进行直接选举。还规定，每年都要举行一次对领导班子的信任投票。这就是著名的民主选举与评议。二是新闻监督，也就是同级报纸可以批评同级党委。此外，还有干部招聘、干部聘任制，取消干部原来的职务和级别，根据工作需要，量才使用——实在太多了，我都数不过来了。

王尔德：你怎么看待袁庚和梁湘之间的争论和分歧？

涂俏：他们几乎没有个人恩怨，有的只是办特区的思路不同、理念不同罢了。2005年夏天，我曾经就这个问题专门采访过袁老。袁老哈哈一笑，坦言他错了。接着，袁老给我举例说明了他的一桩错误事。

的确，早在开办深圳特区之初，袁老是不希望深圳特区的面积过大过宽的。因为，在袁老看来，深圳市既无商业，又无工业，它的财富来源，一是靠“卖地”，二是依赖“贷款”，三是依托中央各部委“对口赏赐”。这三项收入不仅极不可靠，而且入不敷出。之所以如此，袁老认为，这一切都与特区过大有关。他还专门在1981年8月写信给中央“告状”，陈述了自己的意见。

但后来的事实证明，深圳经济特区之所以能够蓬勃发展，也仰赖于当年的特区面积，有了足够的地盘，才能搭台唱戏啊。所以，袁老认为自己当年的思路有局限。从某种意义上来说，袁庚之所以坚持在2.14平方公里上搞蛇口工业区，在开创之初，他从不奢望蛇口太大，原因在于，当时的政治压力太大了，船小好掉头，所以，他坚持搞小的，不敢搞大的。这样，就不难理解他会指责特区过大过宽。

先默默地干，而不是大张旗鼓地谈

王尔德：袁庚的改革精神和动力来自何处？

涂俏：我认为，袁庚的改革精神和动力来自两个方面。一个方面是他自身的动力。他曾经在秦城监狱坐了五年半的牢。许多人经过那样的折磨，出来就蔫儿了，可是，袁庚和别人不一样，在他投身开发蛇口工业区的时候，他的劲头反而更大了，他要将失去的时间加倍地补回来。另一个方面，有两个反差给他的影响很大。一个是香港飞速发展的反差，另一个是他出国看到的反差。1975年10月，袁庚在58岁时恢复了工作，调任了交通部外事局负责人。在他远赴香港招商局工作之前的两年时间里，中英海事协定、中巴海事协定等中华人民共和国与有关国家的11个海事协定，都是袁庚组织签署的。他多次陪同叶飞或者单独出国考察，善于在比较中进行鉴别，对中国经济体制的弊端有所认识，对中国现存经济秩序存在的问题有着深刻的思考。这正如袁老于1984年3月在中南海怀仁堂所说的：我们在相当长的一段时期中处于闭关自守、自给自足的状态。后来一旦和外界接触，真有“山中方七日，世上已千年”之感。

王尔德：袁庚曾说：“一说改革成果就提袁庚，你们思想不解放。”你认为，袁庚为什么会这么说呢？

涂俏：简单地说，袁庚当年的思想解放是打破陈规，力求打破体制的桎梏，而不是简单地说一句“解放思想”了事。袁老反复说道，在我国的历史上，学术和思想最活跃的时期是春秋战国。当时社会处于大变革时期，产生了伟大的思想家老子、孔子以及之后的孟子、荀子、韩非子等人。他们著书讲学，互相论战，出现了学术上的“百家争鸣”。我们为什么不可以听一听不同的学术流派的见解呢？他说他不是要大家去接受反动的东西。他相信大家有消毒的能力。打开窗户，让户外的空气进来，当然，很多细菌也会进来的。这没有什么可怕，因为，袁老反复说，在蛇口，已有各种各样的“抗生素”能够对付细菌，绝不能因噎废食啊。

王尔德：你觉得，袁庚在哪几个方面对今天的思想解放有所启发？

涂俏：我觉得袁庚在很多方面对今天的解放思想是有所启发的。其中细节很多，我还是先给你讲一个有关袁老思想解放的故事吧。

为了让年轻的干部走上蛇口的领导岗位，袁庚不惜逼迫跟随他多年的老战友、好搭档许智明让位。而为了改革事业的一种担当，许智明说出了“我不退位谁退呢”的心声。这个故事，曾经让许多读者感动过。诸如此类的故事太多了，还有袁庚以晚年的政治生命来担保一位普通的干部，袁庚顶着“三道金牌”保章含之的故事。袁老就是通过一个个小细节、小事件来打破现有体制的框框，带领蛇口工业区走向成功的。

1982年，袁庚让工业区花钱从海外请了一位叫江绍伦的教授进来讲企业管理心理学，被当时的培训班学生以及很多蛇口人认为是“放毒”。在那些年轻的学员听来，江教授的言论是“大逆不道”的。袁庚敢请他来授课，简直就是“冒天下之大不韪”。袁庚曾经揭秘过此事。他说，当时，江教授开讲之前，谷牧同志事先对他讲，你放开讲好了，放了毒，我给你消毒。后来，我听他的课时，江教授也是刚刚讲完开场白就觉得不妥，他问我，袁董，我这样讲课，不会把我抓起来吧？他讲的是什么呢？他讲的是，有些歌的作用其实是骗人的，为了降低你们的期望值，让你们在生活水平低下时，才会感觉到幸福。我听完了江教授讲的话，挥了挥手，让他放心大胆地讲，我来给他消毒。可是，那天他还是战战兢兢的，没能畅所欲言。这有什么奇怪呢？我们把国外的教授、所谓的心理学的权威请进来，让大家接触一下。现在我们不是大批大批派人到外国去留学吗？不也是听人家讲这种东西吗？如果我们认为请这些教授进来讲一讲是一种污染的话，那么我们就没有必要派留学生出去。总之，如果思想不解放，很多具体问题都无从谈起。

1984年11月28日，袁庚参加“当代香港经济研讨会”时，说过一段很有意思的话：“我曾经这样想过，在经济体制方面这样大的改革、这样大的突破后，必须在思想上、理论上也要有相应的发展和突破才成。不久前，我和一位哥伦比亚大学经济学教授的谈话中，他告诉我，他们指定《资本论》是必修课的教材，他认为《资本论》的‘剩余价值’一章仍有其生命力。可见资产阶级的学者，也得从马克思的学说中吸取他们认为有用的东西。可是，由于我们一些同志死抱着书本不放，不正视现实，极力想从马克思当时的著作中寻求解决‘一切’问题的方法，因而我们的学说停滞了，使凯恩斯的理论横行了四五十年而不衰，现在托夫勒的《第三次浪潮》、奈斯比特的《大趋势》风靡一时，这种未来学派的理论与预测是值得我们重视的，但更重要的是，我们要大大解放思想，发展丰富我们的共产主义学说。我们党提出了建设具有中国特色的社会主义，三中全会的决定就是一大突破。我在蛇口，也接触过许许多多的经济学家，他们很喜欢问：你们蛇口工业区是社会主义、资本主义还是国家资本主义？从老祖宗处找不到你们这样的‘模式’。我往往回答：我也不晓得，让实践去回答吧！或者说，我们愿意接受实践法庭的审判。现在好了，三中全会说个体、集体经济，包括引进来的外资，都是社会主义全民所有制的有益补充。这一下好了，问题解决了。”我曾经就思想解放这个话题采访过袁老，那是在2005年夏末。我还记得，袁老说，蛇口是靠干出来的，不是靠谈出来的。他主张先默默地干，而不是大张旗鼓地谈。

（本文载于《21世纪经济报道》2008年6月28日41版）

第三章

全面改革

姚洋：
政府应从生产型政府转变为服务型政府

姚洋，北京大学国家发展研究院院长，主要研究领域为中国经济发展、制度转型和社会公正。主要著作有《制度与效率——与诺期对话》、《自由、公正和制度变迁》、《土地、制度和农业发展》，等等。

重启改革已形成共识，问题在于从哪里突破？

"'十八大'报告和中央经济工作会议提出来户籍改革将是新的突破口，施行了六十多年的户籍制度也成为城镇化的最大阻碍，也是我国最大的不公所在。"北京大学国家发展研究院院长姚洋对本报表示，新一届领导人将需要极大的勇气和政治智慧推动户籍改革。

尽管存在不少不确定因素，姚洋对下一个十年中国的经济前景仍表示乐观。基于中西部的发展能力还未充分释放、教育水平还有大幅提升空间、科技投入的不断增加，他预测，未来十年保持8%的经济增速问题不大。

姚洋分析，随着投资对经济增长拉动递减效应的出现，依靠人力资本投资将是中国产业升级和避免"中等收入陷阱"的关键。为此，政府必须尽快转变职能，从生产型政府转变为一个真正行使公共职能的服务型政府。

下一步改革应从户籍改革入手

王尔德：在“十八大”之后，国务院副总理李克强强调改革仍然是最大的红利。我们应该如何进一步推动经济改革？经济改革的突破口在哪里？

姚洋：我认为新一届领导人对改革是有共识，改革的方向是比较清楚的。12月上旬，刚刚履新的总书记习近平，重走当年邓小平“南巡”的路线，到深圳、珠海等地视察，向外界清晰地传递了中国将继续推进改革开放的决心，也回答了“走什么路、举什么旗”的问题。

而12月15日，中央召开的经济工作会议，明确提出改革要有总体方案、时间表和路线图。在党的文件中，这是第一次对改革做出如此富有决心的表述，所谓时间表意味着将提出明确的改革步骤和期限。

问题在于，改革从哪里着手？我认为，除了延续之前既有的改革之外，“十八大”报告和中央经济工作会议提出来的城镇化和户籍改革将是新的突破口，尤其是户籍改革。

户籍制度建立于1958年。这项制度事实上是将一个人的合法居住地限定为其出生地。我认为，户籍制度改革非常急迫。你想，我国人均收入已经达到5500美元了，而国民还因为户籍被分为三六九等，这是一件极不光彩的事情，也是我们国家最大的不公。

这项改革的阻力很大，尽管中央有动力，但地方没动力，推下去的难度很大。有人给广州和上海算了一笔账，说户籍改革之后，要增加多少学校和医院，需要地方政府增加多少万亿的投入，等等。但是他们只算了成本，没有考虑收益问题。增加学校和医院也会帮当地增加就业，增加当地消费，大幅拉动经济增长。

考虑到有些地方政府可能在财政上有困难，中央政府应该有所作为，在财税关系上略做调整，在转移支付方面应当加大对地方基本公共服务建设的转移力度，帮助地方政府渡过难关，这样使得户籍所承载的教育、医疗、社保等公共服务实现各地方的平衡。其实这对中央政府而言并不是太大的难事，地方政府所需的基本公共服务补贴对中央的基础建设资金而言只是九牛一毛。实际上，政府早就应该缩减基础建设资金的规模了，应当尽快从过去的生产型政府转向服务型政府。

另外，土地制度也需要做配套改革，比如珠三角地区，外来人口远远大于本地人口，那么在户籍改革之后必须划定一个时间点，以后入户人口不能分宅基地了。这也涉及土地制度的改革，同时诸如服务业准入的放开、增加地方警力等配套改革也必须推进。

王尔德：对中国未来经济增速的预期，乐观者认为中国未来二十年都可以继续维持8%的中高速增长，而悲观者认为中国未来将进入6%～7%的中低速增长期。您对此怎么看？未来中国经济持续增长的动力在哪里？

姚洋：我认为至少未来十年GDP保持8%增速应该问题不大。比较而言，日本在1963年达到我们2010年人均收入水平（国家统计局的数据是，2010年，我国城镇居民人均收入19109元，农村居民人均纯收入更低，仅为5919元）时，其年均经济增长率达到9.6%，直到20世纪90年代泡沫开始时经济才开始减速。当然中国的国情与日本也有一些不同，比如我们人口老龄化的速度比较快，所以很难像日本一样再保持近三十年的高速增长。但我认为，未来十年中国经济保持8%的增速问题不大，到2020至2030年降到6%～7%的中低速，然后2030年以后可能降到2%～3%的增速。

我认为未来十年支撑中国经济中高速增长的动力主要有三方面：

第一，我们的国家比较大，虽然沿海地区已经很发达了，但中西部还非常落后，现在从东部向中西部进行的产业转移刚开始，武汉、成都、重庆、西安等地还没有全面开发，这些区域将在未来释放出很大的经济能量。中西部能否崛起，关键在于地方领导层能否解放思想。

第二，我国的教育水平还有比较大的提升空间，这也意味着劳动生产率还会有很大的提高潜力。北京大学的中国家庭动态跟踪调查数据显示，在20～30岁这一年龄段，城市的平均教育水平还没达到高中，农村还没达到初中，由此可见我国教育水平仍要大幅改善。“诺贝尔经济学奖”获得者美国学者罗伯特·福格尔教授于2010年曾在《外交政策》撰文预测，到2040年中国的GDP将占世界总量的40%。我曾当面问过他为什么如此乐观，他说主要基于两个因素，一个是中国教育水平的提高，另一个是农村向城市的移民，这两个因素就足以支撑他的预测。他对他的预测非常有信心，因为他每次对中国的预测都被证明是过于保守了。

第三，我国科技投入的比重在不断提高。如果能实现我们“十二五”规划确定的目标，即我国的研发投入将从2010年占GDP的1.7%上升到2015年占GDP的2.2%，那将接近发达国家的水平。较高的科技投入，对保证我国科技创新能力的提高至关重要。

提高教育水平可避免“中等收入陷阱”

王尔德：中国未来经济增长还面临一个挑战，那就是“中等收入陷阱”。世界经验表明，只有少数国家能够避免“中等收入陷阱”，成功迈入高收入国家行列。那么中国应该如何跨越“中等收入陷阱”？

姚洋：从低收入状态进入中等收入状态，可以依赖便宜的劳动力和较高的资本积累。但是，劳动力供给的增长是有限的，而单纯的资本积累终归要受到资本边际报酬递减效应的约束。因此，要实现从中等收入向高收入的飞跃，必须提升技术水平和劳动力的质量。

对中国而言，如果说中国有陷入“中等收入陷阱”的风险，那么应该主要是教育不平等的问题。目前我国流动人口有2.4亿，其中1.6亿属于农村户口，占到全社会劳动力数量的1/3，占制造业的比例就更大了。他们都是新工人，教育水平很低，80%都是初中或以下水平，而且很难再回到正规学校里学习，远低于高收入国家所需的教育水平。

提高他们的教育水平，也是提高其收入的根本途径。“十八大”报告提出，到2020年实现城乡人均收入比2010年翻一番。现在工人平均工资大概是每月3000元，翻一番就得达到6000元左右，以这个群体目前的教育水平，要实现收入翻番，我觉得是有困难的。

同时，他们在未来相当长的一段时间里仍将是劳动力大军的主体，提高其教育水平将是中国产业升级和避免“中等收入陷阱”的关键。解决这一问题，我认为主要靠国家增加对高职和中等职业教育与培训的投入。目前，国家对普通学位教育很重视，但对职业教育和在职培训重视不够。目前投资方主要是地方政府或者民间资本。而恰恰是高职教育的需求很大，大量个人还是要通过高职和职业培训提高自己的教育水平。

在计划经济时代，工人在进入工厂之前都要经过2～3年的技校培训，进入工厂之后还要从学徒做起，随着技术水平和经验的提高逐步提升自己的技术级别。现在到了恢复这个优良传统的时候了。

国家在未来应增加对高职和职业培训教育的投入，同时也应该鼓励地方政府进行创新，比如之前浙江衢州推行的“劳务培训券”制度。

从生产型政府转变成服务型政府

王尔德：您曾经提出，中国过去三十多年的高速增长得益于中国不是一个"常态的"发展中国家这一事实，因为中国政府是一个中性政府。那么您认为未来十年中国能否依然保持这种独特性？为什么？

姚洋：新中国成立之后，我们前三十年延续以革命为主的传统，后三十年是从革命转向建设，经济增长的潜力得到深挖。多次革命奠定了社会平等的基础，经济增长起来没有像其他国家那样受到权贵阶层的阻碍，大众得以分享经济增长的成果。

我对未来十年中国政府保持中性政府还是有信心的。从过往经验来看，20世纪80年代是进行改革准备，20世纪90年代是疾风暴雨式的改革，21世纪的第一个十年进行修正。我认为，下一个十年又会转向改革。如果说中性政府可能面临一些风险，主要是在改革开放催生的新的利益集团的势力越来越强大，特别是地方政府容易受到这些利益集团的左右，阻碍中央政策的执行。

那么，如何克服上述风险呢？可以从三个方面入手：一是从公共财政公开化方面找到短期内的突破口，使政府从生产型政府变成一个真正行使公共职能的服务型政府；二是促进党政分开，使党真正监督政府；三是增加民众政治参与。

王尔德：您也曾经提到，社会平等是中性政府存在的基础，但是过去三十年，中国的人均收入差距却在不断拉大。换句话说，我们没有处理好经济增长和经济平等的关系。那么未来我们应当如何更好地处理二者的关系？

姚洋：城市化对缩小收入差距是有好处的，尽管城市内部的收入差距可能拉大，因为一部分人进到城市会拉低城市收入下限，但是，城乡差距可能缩小。收入差距不是靠一个收入分配改革就能够缩小的，而是要靠综合的长效机制，其中教育水平的平等提高是最重要的。农村教育水平提高了，高职和职业培训上去了，贫富差距自然就会缩小。

（本文载于《21世纪经济报道》2012年12月31日6版）

杨伟民：
实施主体功能区规划，再造河山

杨伟民，曾任国家发改委发展规划司司长、国家发改委秘书长，从2011年6月起，担任中共中央财经领导小组办公室副主任。

作为区域发展的顶层设计，《全国主体功能区规划》（以下简称《规划》）的出台，前后历经八年。

“中央已经明确，主体功能区战略和区域发展总体战略，共同构成了我国区域协调发展的完整战略。”中央财经领导小组办公室副主任杨伟民对本报记者强调，“和《规划》制定相比，其实施将需要更长的时间。”

根据杨伟民的预期，通过实施《规划》，未来960万平方公里的陆地国土，其每平方公里的主体功能定位都十分清晰，并能落实具体的范围，可形成电子化的规划图，在计算机上进行精细化管理，可谓“再造河山”。

在各地都奉GDP为圭臬的现实格局下，对“再造河山”的伟大计划实施的难处，杨伟民亦有预料，比如部委的配合、地方的执行和“胡萝卜＋大棒”政策的制定等，但“作为国土开发的‘宪法’”，《规划》应尽快全面完成并抓紧落实，以体现其“战略性、基础性、约束性”的地位，发挥其对促进城乡区域协调和人与自然和谐的重大作用。

提供国土开发和区域发展的四个平台

王尔德：《规划》的实施，将对我国的国土开发和区域发展起到什么样的战略作用？

杨伟民：推进形成主体功能区的目的是，实现城乡、区域的协调发展以及人与自然的和谐，构筑高效、协调、可持续的美好家园。主体功能区规划是战略性、基础性、约束性的空间规划。确定这个定位的考虑是，主体功能区规划不是要解决所有问题，但要能够成为解决各类问题的基本依据，成为各类相关规划和政策的基本依据。具体而言，其战略作用体现在以下四个平台：

第一，它为落实科学发展提供了一个空间平台。发展是我们国家的第一要务，但在不同的主体功能区，发展的内容不同，首要任务也不同。划分主体功能区，将全国2860个县级行政区分为城市化地区、农产品主产区和重点生态功能区，这样，各地都会清楚自己的主体功能定位、发展内容、发展方式和发展方向。

一是城市化地区，发展经济和聚集人口是主体功能，就要把增强综合经济实力作为首要任务，推进工业化和城市化，尽可能地做大经济总量并吸引外地人口的就业和定居。其中，优化开发的城市化地区，要率先转变发展方式，主要通过集约开发增强经济实力，严格控制建设空间，尽可能减少对农田、水面、林地等绿色生态空间的占用；重点开发的城市化地区，则可以适度扩大建设空间，加强基础设施建设，形成较完整的产业链，增强对产业和人口的吸纳能力。

二是农产品主产区，主体功能是提供农产品，保障国家的农产品安全，保住耕地。因此，增强农业综合生产能力，就是坚持了发展作为第一要务，而不在于经济总量增加了多少。

三是重点生态功能区，主体功能是提供生态产品，保障国家的生态安全。这类地区，要以增强提供生态产品的能力作为首要任务，而不在于经济总量增加多少和农产品增加多少。

第二，它提供一个统一、公平的政策平台。目前的区域政策，主要按地理位置，即东中西来划分，即西部开发、东北振兴、中部崛起和东部优先，但即使是东部地区，由于各个县的自然条件不同、主体功能不同，实行同样的政策显然是不公平的。比如福建经常说我们这有革命老区、中央苏区，为什么我们不能享受中西部地区的政策呢？因此，区域政策应该根据主体功能区定位而不是地理位置来制定。

就财政政策来看，城市化地区，不管是东部地区的，还是西部地区的，都应是上解财政收入的地区，农产品主产区和重点生态功能区应该是接受国家和省级财政转移支付的地区。其他各项财力性补助等也不应该再单纯按照东中西来安排，而应根据不同地区的主体功能定位来安排。在这个基础上，可以再考虑西部、少数民族地区、贫困地区等因素给予适当倾斜。

产业政策也要根据不同的主体功能区来制定和实施。如果需要布局新的钢铁项目，不应再布局到限制开发区域，而应布局到重点开发区域，即便如此也要区分，对严重缺水的重点开发区，就要严格限制。

第三，它提供了一个整体规划的基础平台。规划作为约束社会行为的“第二准则”，必须增强各级各类规划间的一致性、整体性以及规划实施的权威性、有效性。但是目前，我国各级各类规划间缺乏衔接协调，原因之一是规划体系不完整。一个城市的定位要从包括这一城市的区域范围来统筹考虑，一个区域的发展方向和定位要从全国国土空间的范围来统筹考虑，也就是从960万平方公里的视野来看一看在全国应该如何定位。《规划》可以起到为省级主体功能区规划、市县空间发展规划以及土地规划、城市规划、生态环境保护等规划提供衔接协调基础平台的作用。

第四，它为建立一个覆盖全国、统一协调、更新及时、反应迅速、功能完善的国土空间管理系统提供了管理平台。城市建设、项目动工、耕地占用、地下水开采、矿产资源开采等各种开发行为，以及水面、湿地、林地、草地、海洋、自然保护区、蓄滞洪区等的保护，现在是通过庞大的行政系统进行分级、分头管理的，每年仅各部门派出的形形色色检查团就不知有多少个。如果每平方公里国土空间的功能定位都十分清晰，并能落实具体的范围，形成电子化的规划图，那么完全可以采用对地观测技术，在计算机上进行精细化的管理。比如，通过遥感卫星，可以在第一时间发现并禁止开发区域的违规项目，就可以立即采取措施制止，大大减少项目建成后再纠正造成的浪费。特别是，明确不同地区的主体功能定位，就可以实行各有侧重的绩效评价和政策考核，其客观性、公正性将大大增强。

空间管制并不违反市场原则

王尔德：《规划》的制定和实施，主要是通过对国土空间进行精细化的管制，从而实现科学和可持续发展。那么，这是否与我们正在推进的市场经济体制之间存在冲突？

杨伟民：国土空间是公共资源，公共资源必须由政府进行管理。我们看到，市场经济国家的政府干预有一条原则，即对产业的干预很少，但对空间却管制很多，因为空间上市场失灵的分量更大。比如，德国的区域规划，把在什么地方可以建设垃圾场、商场、铁路、变电所等都规划得清清楚楚，谁来建则由市场决定。我们今后也应该朝这个方向努力。我们有些地方招商引资是带着外商到处转，想要哪块地都可以。而有些国家，则是带着外商到规划好的地方去，想要投资建厂只能在这里。这说明我们对空间管制无原则或者过于原则。

王尔德：《规划》对空间管制的体现之一，是根据开发强度分为优化开发、重点开发、限制开发和禁止开发四类区域。这种划分是否会引起限制和禁止开发区域的争议？如何理解开发和发展的关系？

杨伟民：我们说的优化、重点、限制或者禁止开发，是特指大规模的、高强度的工业化和城市化的生产建设活动。对一些资源丰富但生态脆弱的区域，不是不能开发能源、不能开采其他矿产资源，而是不能通过开发资源变成大面积的城市化地区，因为资源总有枯竭的一天，以后的可持续发展会成为问题。

需要指出的是，如何界定何为“大规模、高强度工业化和城镇化”，这有待深入研究，若在编制规划时，就定量化地界定“大规模、高强度”，可能规划很难编制下去，所以用了比较模糊的定性表述，但今后应当借鉴发达国家的经验，尽量实现定量化。

根据科学发展的内涵，发展不一定是经济发展和资源开发，发展教育、健全公共服务也是发展，不能说限制开发就是限制发展。要让各地政府和社会各界都认识到这一点，还需要一个过程。

王尔德：在《规划》的层级上，主体功能区规划明确为国家和省级两个层次，那么当时国家发改委为什么不把全国2860个县都分清楚，做到国土的全覆盖，而是留一部分交给地方去划定？目前省级规划进展如何，有没有时间表？

杨伟民：从技术上来看，我们可以做到国土全覆盖，把所有县的主体功能定位都明确，但是我们不能这么做。我们有一个原则，发挥中央和地方的两个积极性，干这件事是件新事，一件新事要想做得通，必须发挥地方积极性，让它有一定权力，否则你把什么事都管了，地方是被动的，它就没有积极性了。目前，国家只划定了400多个县的主体功能，剩下的由省级规划去划定。

另一个考虑是，政策配套也有两个层次，国家划定的重点生态功能区和农产品主产区，其财政转移支付资金由中央出，而省级政府划定的这两类区域，则由省级财政出。

目前，各地省级规划还在编制之中，之前提过时间表，但地方协调难度较大，难以按时完成。当然，只有把2860个县的主体功能定位都确定后，才能说这个规划全部完成了。这个规划为什么这么难，因为它不是凭空想出来的，是要分析评价每一次国土资源的资源和环境状况，需要进行利益平衡。

“生态产品”为解决生态补偿提供依据

王尔德：《规划》的一大特色，是提出了生态产品的概念。相比工业产品和农产品，如何理解生态产品这个概念？

杨伟民：产品通常是指经过劳动加工制造而生产出来的产品，按照产业分类，从生产角度，产品可以分为农产品、工业品和服务产品。但是，产品是用来满足人们需要的，人们的需求除了对农产品、工业品和服务产品等产品的需求外，也包括对清新空气、清洁水源、舒适环境、宜人气候等生态产品的需求。我们应尽快丰富产品的内涵，确立生态产品的产品性质，确立提供生态产品也是发展的理念。

生态产品，是指维系生态安全、保障生态调节功能、提供良好人居环境的纯自然要素或经过人类加工后的人工自然要素。生态产品除了直接满足人们的生存需要外，还通过诸如吸收二氧化碳、制造氧气、涵养水源、保持水土、净化水质、防风固沙、调节气候、清洁空气、减少噪音、吸附粉尘、保护生物多样性、减轻自然灾害等满足人们身心健康和提高生活品质的需求。

生态产品的特性：一是地域性，生态产品只是在一定的空间单元发挥作用，即使是空气，也有明显的地域性。海南的空气再好，也不会满足住在北京的人们的需求。二是不可计量性，生态产品不像其他产品那样，可以分割消费，其消费是集团性的，因此，很难计量每一位消费者消费了多少。三是生态产品是无形的，因此也可以定义为生态服务。森林、草原、湿地、海洋是提供生态产品的“耕地”、“机器”，是生态产品的“生产能力”，但它们本身并不是生态产品。若是破坏了这些生产能力，生态产品的数量就会减少、质量就会下降。

总体上看，我国提供农产品、工业品和服务产品的能力迅速增长，而提供生态产品特别是优质生态产品的能力却在减弱，对生态产品的认识还没有形成共识。

王尔德：生态产品概念的提出，对进一步建设生态文明有何重要意义？

杨伟民：将生态产品定义为产品，对生态文明建设意义重大。首先，有利于从思想深处树立人与自然平等、人与自然和谐的理念。人类与自然是平等的，人类不是自然的奴隶，人类更不是自然的上帝。在开发自然、利用自然的过程中，人类不能凌驾于自然之上，人类的行为方向应该符合自然的规律。

其次是有利于解决重点生态功能区的发展权问题。重点生态功能区也有人类居住和生活，他们也有发展权，也有谋求过上好日子的权利，只不过发展的内容不同，不是生产有形的农产品或工业品等物质产品，而是通过保护自然、修复生态系统提供生态产品。过去的狩猎是发展，今天的“守猎”也是发展；过去的砍树是发展，今天的护林也是发展；过去的放牧是发展，今天的禁牧也是发展。

再者，解决“生态补偿”的理论依据。生态产品也是有价值的，因而也是可以“卖”的，只是由于技术上无法切割或计量每位生产者贡献的大小和每位消费者消费的多少，只能采取政府购买即“生态补偿”的方式进行交换。所以，所谓生态补偿，实质上是政府代表生态产品的消费者购买重点生态功能区提供的生态产品。

王尔德：《规划》在保障措施部分，提出了落实主体功能区所需的“9+1”的配套政策。那么这“9+1”政策有哪些进展？

杨伟民：在“9+1”政策中，目前推进比较快的是财政政策。党的“十七大”提出“围绕推进基本公共服务均等化和主体功能区建设，完善公共财政体系”，可见财政体制和财政政策对实施主体功能区战略的关键作用。

当前，主要应提高中央财政对国家限制开发区域各县级行政区的转移支付系数，确保其公共服务和社会管理支出。同时，在重点生态功能区一般性转移支付标准财政支出中，增设生态保护支出项目，在农产品主产区增设保障农业生产能力支出项目。使重点生态功能区和农产品主产区的县级行政区比其他地区多一项专门主体功能区支出项目，使之有能力提供更多更好的生态产品、农产品。

自2008年以来，财政部对纳入国家重点生态功能区的县（区、市）逐步开展中央财政转移支付，2010年该项转移支付规模为250亿元，2011年达到300亿元，我相信，今后随着财力增强，可能还会进一步增加。对农产品主产区，目前财政部也已考虑同样开展财政转移支付。

王尔德：《规划》的另一个突出特点是，其落实在中央层面需要几乎所有部委的协调。那么，在实际操作中，对各个部委之间的合作状况，您如何评价？

杨伟民：在制定《规划》的过程当中，应该说各个部委协调得都很好，因为确实有不同的意见，但是最后大家都能够理解，最后国务院常务会讨论通过，大家没有什么意见了，但是在具体落实的时候可能还会需要各个方面来进行配合。

王尔德：有学者指出，《规划》的落实由于没有一个专门负责的机构，将成为其执行时的短板。对此您怎么看？

杨伟民：在《规划》的制定过程中，国家曾经成立了全国主体功能区规划编制领导小组办公室。至于说现在是不是专门由一个机构来落实的，我认为应该的，但是现在没有，下一步机构改革的时候再研究，机构不改革的时候，一般成立新的正式机构都比较难。

王尔德：您认为《规划》还有哪些地方需要完善？

杨伟民：《规划》是一个长期的国家战略，有人说这个规划是“重整河山，再造河山”的宏大计划，可见其落实需要较长的时间，需要完善的地方还比较多。比如，财政政策这样的“胡萝卜”政策正在一步一步落实，同样绩效考核评价这样的“大棒”政策也需要尽快明晰；再如，《规划》的基础性作用，需要进一步研究，国土、环保和水利等各个部门的具体规划，如何与《规划》协调衔接，也需要付出更多的努力。

（本文载于《21世纪经济报道》2012年5月15日18版）

陶然：
经济改革的突破口是土地制度改革

陶然，中国人民大学经济学院教授，中国公共经济与治理研究中心主任，美国布鲁金斯学会外交政策项目非常驻资深研究员。

对当下经济下行的趋势，陶然比较悲观。

“我认为这种下行的形势还会持续下去，何时见底难以预测，短期内会下滑，如果不推动改革，中期内则存在硬着陆风险。”陶然对本报记者表示，政府通过短期宏观调控来应对经济下滑仍有一定政策空间，但空间已经不大，而且潜在负面效果不小，必须加速实体部门改革，通过带动经济增长，稳固金融系统之后，再逐步推动金融体制改革。

陶然认为，要应对中国经济的风险，就要实施增长和发展模式的战略转变，为未来中国5～10年甚至更长时间保持较高经济增长寻求新的突破口。

“政府现在需要系统性的经济体制改革，但更重要的，还是要明确改革次序，设计整体性、渐进式改革方案和合理的改革步骤，从关键的部门与行业选择突破，逐步展开。”陶然介绍，就改革次序而言，实体经济领域的改革应该先行于金融改革。

为此，陶然所思考的改革方案，是从土地制度改革开始的，配合财税体制和户籍制度改革，推动房地产行业发展和完全城镇化。一方面，要逐步放开集体建设用地入市，但入市后集体土地可转为国有土地，同时赋予作为原土地权利人的农民一定的土地开发权；同时开征土地增值税、物业税等相关土地税收，以此逐步降低地价、房价，并同时带动经济增长，一举解决城市流动人口的住房问题，并以地方财政体制改革全面推动户籍改革，实现公共服务提供对几亿流动人口及其家庭成员的普遍覆盖等综合改革措施。另一方面，要对工业用地进行整治和重新谈判，集约利用并转部分工业用地为商住用地，用于地方债务偿还。

经济下行是长期矛盾和短期矛盾的集中爆发

王尔德：2012年以来经济下行趋势明显。第二季度中国经济增速跌破了8%，这是时隔三年以后经济增长速度又一次回落到8%以下。您怎么看待当下的宏观经济形势？

陶然：经济下行趋势确实非常明显。一直到2012年年初，民间借贷利率仍然很高，反映了借贷需求依然很大。但到5月份之后，不少银行突然发现钱贷不出去了。为什么？这是因为很多民营企业家的心态出现了明显转折。起初，不少企业还想通过贷款，将苦日子撑过去就好了。但5月过后，他们才意识到苦日子可能才刚刚开始，短期贷款救急也不是什么好办法，还不如限产或干脆停产。目前，除了垄断行业以外，几乎所有竞争性行业日子都不好过，即便是原来利润较高的房地产行业，由于中央政府的调控也难以维持。这种下行的形势还会继续持续下去，何时见底难以预测。但现在的形势与

2008年之后国际金融危机的形势不太一样。

王尔德：具体而言，今天中国宏观经济的形势与2008年金融危机之后有何不同？

陶然：和三年之前相比，我们面临的国际经济形势没有好转，但国内经济形势却更加恶化，政府调控空间和手段有所缩减，整体形势要更加严峻。

中国在面临2008年国际金融危机时，本来是政府推动经济体制改革的最好时机。因为2008年时中国房地产虽然有一些泡沫，但还不是现在这样出现了全面泡沫，银行体系还有很多现金，政府财政也很有钱。但是，4万亿财政和10万亿信贷刺激政策，虽然短期内防止了经济下滑，却不仅没有解决中国经济增长模式存在的深层次矛盾，相反还加剧了某些问题的严重性。现在的经济下行，是经济体制内部长期矛盾和短期矛盾的集中爆发所致。

中国经济增长模式风险加大

王尔德：您认为，经济下行不仅仅是短期行为，更与中国的经济增长模式有关。您如何理解中国的经济增长模式？

陶然：20世纪90年代中期以来中国的发展模式，基本上沿袭着类似，但又不完全同于东亚经济增长模式的路子，可以说是传统东亚发展模式的一个放大版。相似之处，都是在现有体制下通过增加投资、压抑消费和劳工来增加出口。

但中国确实是东亚模式的一个放大版，投资比例更高，消费比例更低，其中的一个关键，是中国特有的土地征用和出让体制，它使地方政府可以运用土地政策工具，一方面推动了以大规模低价供给工业用地为基本特点的一波波开发区建设；另一方面，它也让地方政府为获得垄断利润，限量少供商住用地，推高房地产价格。正是因压低土地等生产要素价格形成了过剩产能，政府就不得不通过压制人民币汇率而向国际市场倾销产能，结果是外汇储备迅速增加，人民币超发，过剩流动性压在限量少供的商住用地上，催生了严重的房地产泡沫。

上述发展模式的形成，是20世纪90年代中后期之后三种因素共同作用的结果：第一，地方国有企业和乡镇企业改制后，地方之间开始了区域间以低价土地、放松劳工和环境为主要工具的招商引资竞争。第二，1998年住房改革后，地方政府发现商住用地出让可以赚钱，但一个地方的商业、住宅业发展需要以制造业发展为基础，因此地方政府就更有动力通过压低生产要素价格来推动本地制造业发展，这样增长的成本由社会来承担，地方反而可以内化制造业对服务业的财政溢出效应。第三，1994年分税制后中央的财政集权，并没有压制地方政府发展本地经济的积极性，其根本原因是，虽然地方制造业财政分成的比例下降，但制造业税率却上升了。一般而言，税率上升会抑制经济增长，但税率上升对经济的负面作用被中央压低汇率和地方压低土地、劳工、资本、环境要素价格等措施抵消掉了。

上述三种因素共同作用，催生了中国目前的这种“竞次型”的经济增长模式。它给中国过去十多年带来强劲增长。但代价也很大，不仅内外经济失衡、房地产泡沫，而且有很高的社会、环境成本。但在2008年国际金融危机之后，我们并没有对这个模式及时进行重大调整，应对措施反而在一定程度上加剧了中国经济增长模式的固有矛盾。

王尔德：为什么您认为我们应对2008年金融危机的对策，加剧了中国经济增长模式的内部矛盾？

陶然：为应对国际金融危机，中国政府采取了非常宽松的货币政策和积极的财政政策。中央对策是马上实施大规模财政、货币宽松政策，钱主要借给了两个主体：首先是地方政府，它们负债进一步大规模推进工业开发区与城市基础设施建设；其次是央企和一些房地产企业，其中部分企业借货币政策宽松时机参与地王炒作，结果不仅一二线城市房地产泡沫进一步吹大，三四线城市房地产泡沫也开始全面出现。

应该说，2009年前后，政府和银行体系都有大量资源在手，但刺激政策后很多贷款现在已经、未来还会进一步形成大量不良贷款，成为未来几年中国经济调整不得不付出的成本。此外，过度刺激与宽松政策已消耗了相当部分的财政与金融资源，而近年预算内外财政的超高速增长也给中央乃至地方带来了财政幻觉，政府财政支出迅速增长。政府在如保障性住房建设、医疗体制改革、养老保障、农业与农村发展、扶贫等多个领域持续迅速增加投入。虽然这些投入增加确有一定必要性，但考虑到未来经济下滑可能带来的财政收入迅速下降，以及目前公共财政体制不健全必然带来的支出低效率，财政支出过快增长也透支了中国未来财政政策空间，降低了政府应对未来经济风险的能力。

在我看来，中国经济走到今天，宏观调控虽还有一定空间，但如果不能通过切实的实体部门经济改革为中长期经济可持续增长创造空间，短期的宏观调控将于事无补，甚至还会进一步加大资产泡沫，并最终损害政府、企业、银行、个人部门的资产负债表，引发经济和金融危机。

改革的时机与顺序问题

王尔德：现在大家都在改革，问题在于从哪里开始改，如何设置改革的次序？比如，在经济领域里面，是从实体经济开始改还是从金融开始改呢？

陶然：改革当然需要系统性方案，但系统性改革方案不是面面俱到，特别要讲究改革的次序，找到好的改革突破口，让上一个改革有利于下一个改革的进行。否则，处理不当，反而可能导致更糟糕的结果。比如，良好的金融体制当然有助于资本配置效率的提高。但从目前的经济形势来看，我觉得时机未必合适，或者说至少不能金融改革单边突进。

这是因为，金融改革必然带来利率上升和银行存贷利率差缩小，而在当前体制下，地方政府和垄断性国企已经利用贷款进行了很多低回报投资，这就导致银行体系有较大规模的潜在坏账。如此情况之下贸然推动金融体制改革，利率提高就会加速地方政府和国企坏账的显性化，而银行存贷利差的缩小又会减少银行的利润，这就会让未来处理坏账的余地变得更小。因此，金融改革单边推进反而可能加速金融危机的到来。

因此，我一直强调实体经济改革要先行，或者至少同步进行，就是这个道理：必须通过实体部门改革，给社会中的过剩资金流向高回报部门并促进增长的机会。待经济增长出现，金融系统因增长逐步稳固后，那时全面推进金融体制改革才更有意义。否则，不放开那些受到管制的高回报部门，在传统竞争性行业全面出现严重过剩产能的情况下，即使进行金融改革也不可能带来有效增长。而单方面推动金融改革反而会有害。

王尔德：在实体经济领域改革，有观点认为，能源资源价格改革，目前共识基础比较高，是改革的突破口，应优先改革，并以此推动其他市场要素的改革。对此您怎么看？

陶然：我国能源资源价格偏低，确实需要通过能源资源税制改革来加以扭转，这种改革在经济高速增长、能源资源价格高企的时候推动，最为合适。但现在经济下行，能源资源价格加速下滑，所以目前，我看不到政府和企业界推动这种改革的动力所在。

王尔德：那么您认为当前经济改革的突破口在哪里？

陶然：解铃还须系铃人。目前的改革的突破口，我看还是要从中国既有经济增长模式的内在逻辑和关键矛盾中去寻找。最大的问题我看还是土地问题。如前所述，虽然我国的既有土地征用和出让制度导致过去的经济和出口超高速增长，但同时也带来了经济、社会失衡。而带来最近十年中国经济高增长的各种内外部条件都开始逐渐弱化甚至消失。比如，虽然中国目前的人均收入相当于美国的10%左右，而即使包括流动人口在内的官方城市化率也才刚达到50%，但中国在这个较低发展水平已出现了严重的房地产泡沫，阻碍了城市化过程中大量流动人口的永久性迁移；又如，虽然中国目前仍有三成半左右劳动力在农业部门就业，但城市过高房价和阻碍永久性迁移的户籍制度导致中国在农村有不少剩余劳动力的情况下就开始出现工资较快上涨，低端劳动力无法有效地从农村转移出来，直接损害了经济中劳动力的配置效率和经济国际竞争力，等等。这些问题，都和目前的土地制度有关，必须改革土地制度，抑制工业开发区的进一步建设，大大增加住宅用地供给。

未来改革的突破口，可以选择土地制度，并配合财税和户籍制度改革。最需要推动的，就是城中村和城郊村的集体建设用地入市。

在具体改革措施上，可以考虑逐渐地放开集体建设用地入市，逐渐地让小产权房经过一些改造和达到一定基础设施及规划标准之后合法化，相应地，土地也可以国有化，然后转为大产权后政府开始抽税。这个过程可以慢慢地进行，就不会对房价形成很大的冲击，但它可以对房地产投机者释放一个重要信号，就是房地产炒作没有前途。一旦这个信号释放出去，政府就可以随即全面取消房地产调控政策，让房地产市场活起来的同时，房价也不会进一步上升。

目前进行上述改革，地方政府可能会反对，因为他们还希望以后调控政策放宽后，通过商住用地土地出让金来获得高额预算外收入。但在房地产泡沫如此之大，中央不得不继续调控，经济又面临下行的情况下，上述希望根本难以实现。目前，房地产调控已使地方政府的土地财政收入，无论是毛收入，还是纯收入，都没有很好的增长前景，甚至还会下降。而通过土地制度改革，允许本地的农民给外来农民工，包括城市低收入者盖房子，或者是允许农民直接将土地出让给开发商，政府完全可以从中抽税，包括建设过程中的大量营业税、土地增值税等税费，以及建成后抽取长期可持续的物业税。如是，通过土地制度改革，逐步增加住宅用地供给，不仅可以逐渐消除房价泡沫，而且可以带来经济增长。这种改革为将近两亿的农民工和3亿～4亿家庭成员提供可支付住房的同时，还可以让政府大幅度节省保障性住房开支，甚至政府还可以在房地产行业的大发展中抽取各种税费。

上述土地改革方案还有助于解决户籍制度改革中最大的农民工住房问题，政府只需要使用房地产行业发展过程中所抽取税费中的很小一部分用于解决农民工子女在城市公立学校的就学问题，户籍制度改革也就因住房和就学问题得到解决而实现了全面推进，中国当前城市化模式扭曲、住宅用地不足，乃至内需不足等问题也就可以逐渐得到扭转。

王尔德：目前推行这项改革的时机成熟吗？短期之内说服地方政府难度还是很大的，如何设置一些激励措施，推动地方政府参与这项改革？

陶然：近两年来，随着中央房地产调控加大力度，目前地方政府的土地财政模式已经难以为继，商住用地的土地出让金给地方政府带来的收益随房地产调控的深入越来越少，而包括维稳成本在内的土地征收成本越来越高，地方政府搞土地财政的纯收益在下降。因此，这项改革现在就开始做，同时配套上述财税体制改革，可大大降低地方政府对这类改革的阻力。

上述改革成败的关键，还是在于给地方政府相应的激励，因此税收政策与税制改革非常重要。

首先，逐步放开集体建设用地入市所推动的建筑和房地产业发展本身就可以给政府带来很多营业税。

其次，城中村和城郊村改造过程中，政府可以考虑在符合一定的规划和基础设施条件的基础上，将农村集体建设用地从集体转为国有，但这个过程可要求集体补缴一定的土地出让金，但同时政府也将部分开发权利直接赋予原土地所有者，小产权转为大产权。

再次，在集体建设用地逐步放开进入市场后，如果村民自主开发，绝大多数村民可以拥有多套住房，就有利于逐步推进物业税改革；而如果村民直接出让土地给开发商，政府可以抽取土地增值税。

需要指出，压缩房地产泡沫需要配合房地产税制改革。它不仅对抑制短期房价过快增长有一定作用，而且有助于从中长期扭转地方政府依赖于土地出让金，尤其是商住用地出让金来搞基础设施和城市建设的不利局面。但目前城市居民家庭中拥有两套及以上住房的比例仍然不高，因此，物业税要能够切实收上来的一个关键因素，还是要通过前面提到的土地制度改革，使得部分城中村与城郊村居民可以自己盖或合作盖多套房用于出租，并抽取物业税。

最后，还要强调的一点是，当前地方债务的化解问题。解决这个问题，也可以从土地着手。我前面提出的改革，实际上意味着地方政府不再征地，而只是抽税。但实际上，地方政府手中仍然握有大量的工业用地，完全可以通过一些有效的政策措施来更集约化地使用这些土地，通过工业开发区重整后实现更集约的利用，同时腾出大量用地，并在未来多年内逐渐转化为商住用地，用于逐步偿还地方债务。记住，这些工业用地以前是低价大规模出让给厂商的，利用非常不集约，可以考虑采取“胡萝卜＋大棒”的政策，与用地者进行重新谈判，通过盖多层厂房等方式将既有工业区面积大幅度缩小，然后将节约出的大量土地分年转化为商住用地并用于还债。这也就意味着地方政府不仅不用再征地去搞开发区，还可以利用既有开发区土地来作为化解地方债务的基本工具。当然，要实现上述改革，需要全盘的改革方案、详细的测算和非常谨慎的操作。

王尔德：在土地领域的改革之外，您认为当下还有哪些突破口？

陶然：国有垄断行业改革一直很艰难，但确实已到了非改不可的地步，而且也有改革空间。

首先，要改革管理这些垄断性国企的政府机构，如果政府目标是国有资产的保值增值，而实现这个目标的手段是保持垄断，那么这个目标本身就跟这个社会财富最大化、经济增长、扩大就业的目标相矛盾。

其次，要垄断性国企主动进行改革比较难，需要政府渐进推动。比较现实的做法是，在改革方案中，设定一个过渡时间，并给现有垄断部门一定的利益补偿，让它们在激励和压力之下逐步放开垄断。有些行业，如石油行业，可以考虑在进口配额方面为民营企业开一个口子，逐步增加竞争；而其他一些行业，比如电信部门，可以制定措施推动企业之间先开始进行价格战，这样不仅可以增加国有企业竞争力，而且可以提升本行业就业，推动全社会通信成本降低和经济增长，之后，再逐渐放开行业准入，那时引起的震荡会小得多。

总之，改革要和时间赛跑，要选择好改革的突破口，在改革中切实实现中国增长模式的转换和经济的长期可持续发展。

（本文载于《21世纪经济报道》2012年8月2日6版）

范剑平：
新型城镇化首先是进城农民工市民化

范剑平，国家信息中心首席经济师。曾在国家发改委长期系统从事宏观经济政策研究，对宏观经济政策、中国中长期发展战略等方面有重大研究成果且产生重要影响，参与许多国家级重要课题和近几次“五年计划”专题研究，多次荣获国家发改委科技进步奖。

在国家信息中心首席经济师范剑平看来，新型城镇化是改革开放以后城镇化的第三个历史阶段。

“本来城镇化全称应该叫农村人口城镇化。城镇化的本质就是人口城镇化。但是，在过去相当长一段时间里面，我们将之简化为土地的城镇化、房子的城镇化，甚至仅仅是劳动力的城镇化。”范剑平分析。

因此，新型城镇化面临两大挑战，既要解决已经进城农民工市民化的问题，也要解决未来农村与城市争夺劳动力的问题。“如果只将城镇化当投资机会，而不是造福城乡居民、改变生活方式的过程，投资不能与消费良性循环，投资将血本无归。”

范剑平强调，新型城镇化到底让谁成为其中最大的受益者，这是我们和前面两个阶段城镇化最本质的不同。无论是进城还是留在农村，农民都应该成为最大的受益者。就是说整个城镇化过程中这个“蛋糕”大家都可以从中获利，但是一定首先让农民成为最大的获益者，大家才能跟着来获益。

新型城镇化的背景

王尔德：您如何看待我国过去的城镇化进程？

范剑平：20世纪50年代“大跃进”后期，中国政府发现，如果要工业化吸引过多人口进城，当时的农业生产和国民经济水平是很难承受的，由此就开始强制性推行严厉的户籍制度管理。从此，虽然工业化率不断提高，但是城镇化率在相当长一段时间内都是原地踏步，甚至还出现过城市居民和知识青年下乡这种逆城镇化的现象。那个年代大家更关心工业产品或者工业增长速度，大家对城镇化对经济社会发展的推动作用是忽略的，这样的模式使我国城镇化水平严重滞后于工业化水平，一直到改革开放以后我国重新启动了城镇化。

从改革开放到现在，城镇化进程经历了两个阶段。第一个阶段我们叫“离土不离乡”，当时费孝通等专家总结“苏南模式”，提出中国要先走小城镇化道路试水破冰，通过农村小城镇和发展乡镇工业，就地解决农村的剩余劳动力。这个过程差不多走到了20世纪90年代初。1992年小平“南方讲话”以后，沿海特区外向型经济开始有了巨大的发展，长三角、珠三角等地区需要大量劳动力，吸引了劳工跨省流动，这时候城镇化开始进入了第二个阶段，农民“可以离土又离乡”，但户籍不变。对跨省转移的农民而言，他们打工收入比在农村高得多，暂时可以不在乎户口和社保等与城市劳动力的不同。当时如果硬要去改变户籍制度才能转移农村劳动力，就不可能在那么短的时间内把成本较低的劳动力和国内外的资金、技术在最适合的地区快速组合在一起，并形成国际竞争力。

过去两个城镇化阶段是基层积极顺应历史潮流、大胆实践的过程，都在当时对我国经济社会发展、缩小工业化与城镇化差距起到了巨大推动作用。

王尔德：到今天，我们的城镇化达到了一个什么样的阶段？为什么国家要提出新型城镇化的概念？

范剑平：现在城镇化已经到了一个新的阶段。从城镇化“量”的角度来看，如果按照一年中超过六个月以上时间在城市居住的标准来算的话，现在农民工及其家属进城的数量已经达到将近2.4亿人。

从城镇化的“质”来看，城镇化率已经突破50%，但城镇化水分很高。由于历史的原因，工业化先行，城镇化滞后，那么到如今二者之间的差距有多大呢？2012年年末，我国城镇人口占总人口比重达到52.57%，全国人户分离半年以上人口为2.79亿人，比上年末增加789万人。其中流动人口为2.36亿人，比上年末增加669万人，占总人口比重17.43%，可见城镇化率有17个百分点为“中国特色”城镇化，这部分人属于已经成为工业化不可或缺的有生力量，但在城镇中没有取得户口和社会福利的人口。

现行的将人口一出生就分为农业人口和非农业人口的户籍制度受到越来越多的进城农民的质疑。因为很明显，虽然城市里同工同酬，大家都依法纳税，但是城市户口的人就可以从社会保障体系里面得到回报，而农民工即便你比城里有些人交税交得多，也无法享受这套社会保障体系，这种不公正也反过来阻碍了城镇化的进一步发展。经济上接纳、社会福利上排斥，已经开始阻碍我国城镇化继续健康发展。

这17个百分点是我们的潜力，也是我们进一步推进城镇化的动力。这是一把双刃剑，处理好了可以成为有利的因素，从而推动经济进一步快速发展；但是处理不好，就有可能引起社会不稳定，甚至动乱。所以在这样一个新的历史时刻，党中央、国务院提出新型城镇化的概念，应该说是在审时度势以后，认为城镇化不能再按照原来的模式继续向前发展，要在城镇化模式上继续创新。

新型城镇化的两大挑战

王尔德：新型城镇化新在何处？

范剑平：很多人都在追问，新型城镇化新在何处？对此大家有各种各样不同的解释，但大家也有一个共识，那就是真正实现人口城镇化，这是新型城镇化最核心的内容。

本来，“城镇化”全称应该叫“农村人口城镇化”，城镇化的本质就是人口城镇化。但是，在过去相当长的一段时间里，我们将之简化为土地的城镇化、房子的城镇化，甚至仅仅是劳动力的城镇化。结果，农民工及其家属无法充分分享城镇化的好处，由此导致我们国家存在大量的“候鸟人口”。好多农民工，尤其是第一代农民工，都是单身进城打工，将老婆孩子父母都留在农村，逢年过节往返于城乡之间。城镇化再启动后三十多年已经过去了，新一代农民工已经不能接受这种非常不人道的社会制度安排。新型城镇化第一步要解决的就是已经进城的、将近2.4亿农民工及其家属的市民化问题。再者，我们必须看到，农村毕竟还有大量的剩余劳动力，这些人的出路，到底是留在农村还是去往城市，这恐怕也是新型城镇化下一步必须解决的。

王尔德：新型城镇化面临哪些挑战？

范剑平：我认为主要是两大挑战。第一个是已进城农民工的市民化。我们现在别光想着对经济利好的这一面，好多人想着可以带来房地产的发展，还必须看到牵动那种城镇化模式遗留下的需要偿还的历史欠账很多。因此，挑战在于偿还历史欠账的成本和市民化过程的收益两者之间存在的很大的不确定性，能否处理好这两者的关系对地方政府是一个难题。

我发现，有好多地方官员的思维转不过来，他们习惯性地考虑，每一个农民工市民化要花多少钱。这种算法本身就隐含着一个不全面、不科学的惯性思维。设想一下，为什么你总是觉得是给农民工额外花钱呢？他在城市里面和现有的城市居民同工同酬，同样交税款。结果，有城镇户口的，你觉得该给他付出社会保障支出，天经地义，那么凭什么给农民工花的钱是额外花的呢？这是过去不合理的制度才造成的，你只利用人家劳动力的好处，现在该付出而且必须付出，这是城镇化的合理成本，你不能够拒绝。

同时，我们还要看到第二个大的挑战，如何统筹城乡发展对人口和劳动力的需求。人口红利没有到拐点之前，农村中有大量的剩余劳动力，从农村转移剩余劳动力几乎没有机会成本，农村劳动力闲着也是闲着，进城打工就会提高整体国民经济效率，这是前两个阶段的特征。但是从今往后的情境变了，2012年我国15～59岁劳动年龄人口减少了345万，也就是说下一个阶段，我们再从农村往城市转移劳动力时，就有机会成本了，存在着城市和农村争夺劳动力的情况。在这种情况下，我们不能说城镇化率提高得越快越好。一味地想提高城镇化率的速度，将来必定后方失火，导致粮食安全不能保证。

现在，已经出现了一部分地区村庄空心化现象。如果农村都是一些老人在种田，将来很多农田会因为比较利益的原因被撂荒。如果过快从农村中转移出去太多的人口，我们吃粮的人口越来越多，而种粮的人口越来越少，这会引起整个国民经济新的结构失调。

因此，第二大挑战不比第一大挑战小，如何既要保证农业保有必要的青壮年劳动力，同时又能够继续转移剩余劳动力，这里面就涉及城乡之间比较收益的关系。过去我们城乡收入差距超过3倍以上，进城打工无论如何都比在农村收益要高。如果我们长期保持这样一种状态，不试图去缩小城乡的差距，人都进城了，那么谁来种这18亿亩耕地，这是新型城镇化在这个阶段面临的巨大挑战。

农民应成为新型城镇化的最大受益者

王尔德：那么我们应该如何处理好新型城镇化与新农村建设的关系？

范剑平：社会主义新农村建设和新型城镇化，两者应并行不悖，通过统筹城乡发展，缩小城乡差距，才能够让未来的发展取得动态平衡。

在新农村建设上，过去我们投入不足。未来新农村建设必须让农民中的一部分青壮年劳力愿意留下来，成为农业现代化的主力军。这就要求我们创造条件，让留在农村的劳动力看到城乡差距逐步缩小的前景，他们在农村种粮也好，养猪也好，其收益是和在城市里面打工相比差距不太大的，这样他才能安心留在农村。农村中的各种为民生服务的基础设施建设要逐步改善，让农村居民的生活环境和享受的公共服务越来越完善。

“十八大”报告中提到的新“四化”中，农业现代化仍然是非常重要的命题。好多人对此好像不太理解。我们只有通过农业现代化才能进一步解放农村劳动力，通过制度变革让农业由原来的一家一户的小农生产转变成规模化、企业化的大生产，才有可能让我们的农业进一步发展，提高土地生产率，提高规模经济效率，才能够支撑我们的新型城镇化继续向前。

如果我们能够把以人为本具体化到城镇化以农民为本，以新市民和新农民的利益为本，那么我们新型城镇化一定会取得成功。

王尔德：中国社科院财经战略研究院院长高培勇曾经建议，在城镇化的

投入问题上能否做一些中央与地方的事权调整。比如现在有两三亿的流动人口，这些流动人口的子女教育问题，其事权能否不让地方政府承担而是让中央政府承担。对此，您怎么看？

范剑平：这个问题就更复杂了，中央和地方的财权、事权相匹配的财政体制改革，需要进一步深化的空间非常大。我认为，原则应该是，地方政府也好，中央政府也好，都不要当城镇化过程中利益的受益者，政府更多地应扮演服务者的角色，这样问题就好办了。

新中国成立六十多年以来，我国农民用低价农产品、低成本劳动力甚至低价土地长期支持工业化、城市化发展，到了今天，我国需要城市反哺农村、工业反哺农业了，各级政府、国有企业和城市各类单位难道不应该掏点钱适当回报农民吗？尽管不要求这个回报一蹴而就，但是各级财政在财力可负担的情况下应该向农民倾斜，还历史欠账，而且速度越快越好，只有达成这样的共识，才能够有一个解决问题的基本态度。

（本文载于《21世纪经济报道》2013年2月20日6版）

侯永志：
优化中央与地方政府权责的构想

侯永志，国务院发展研究中心发展战略和区域经济研究部部长。《“十五”计划思路研究》的主要完成人，获2001年度中国发展研究一等奖。《中国经济发展的回顾与前瞻研究》的主要完成人，获1999年度中国发展研究一等奖。

在国务院发展研究中心发展战略和区域经济研究部部长侯永志看来，政府间关系尤其是中央与地方关系现在到了一个改革的关键时期。

侯永志对笔者解释，改革开放以来，以“分权”为核心的政府治理模式改革对我国经济高速增长起到了巨大的推动作用，但是这种模式的负面效应随着经济社会的转型日益凸显。

在他看来，基于分权而形成的政府间关系在激励地方政府发展经济的同时，也导致了中央与地方、地方与地方之间的利益博弈，由此引发一系列问题，如地方政府之间的不当竞争、经济秩序失范、市场分割等，这正严重阻碍我国经济发展方式的转变。

他认为，改革政府间关系有三个重点任务：改革条块交错的权责配置方式；明晰中央政府与地方政府的权责；加强中央与地方政府权责配置的规范化、制度化建设。

2012年，国务院发展研究中心发展战略和区域经济研究部开展了关于不同层级政府间责权关系优化与规范化的研究，为此笔者专访了侯永志，请其介绍该课题的成果。

政府间关系存在五个问题

王尔德：课题组如何评价我国不同层级的政府间关系现状？

侯永志：政府间关系是指政府之间在垂直和水平上的纵横交错的关系，以及不同地区政府之间的关系，包括中央政府与地方政府之间、地方政府与地方政府之间、政府部门之间、各地区政府之间的关系。

改革开放以前，我国实行高度中央集权的计划体制，政府间关系总体上是一种自上而下的高度一体化的等级控制模式。改革开放以后，按照“简政放权”、“放权让利”的主体思路，打破了高度集权的行政管理体制，逐步形成了“条块结合、层级授权”的网络型政府间关系。

经过多年的改革，应充分肯定我国在转变政府职能、理顺政府间关系方面取得的重大成效，但也要客观认识其存在的主要问题，主要表现在五个方面：条块交错的双重管理体制导致行政效率提升的空间缩小；强调上下对口的机构设置导致政府间关系的分割；权责错位引发权力寻租和责任虚化；中央与地方政府权力边界不清晰、不科学导致权力执行的扭曲；政府间关系缺乏法律制度规范的有力约束，导致政府间非制度性博弈日益加剧。

王尔德：上述五个问题中，针对第三点和第四点，您能否介绍一下研究

的发现？

侯永志：先说第三个问题。现代政府是建立在权责对应的体制之下，即“权大责大或权小责小”，有责无权将限制行政主体的积极性和创造性的发挥，有权无责将为权力寻租留下空间。在我国，存在一些权责不对等的现象，这也是造成基本公共服务均等化难以得到有效实施的原因之一。

再说第四个问题。中央权力和地方权力的相对清晰是现代社会的一个重要特征。也就是中央权力应体现中央性，地方权力应体现地方性。但是从我国的宪法和相关法律法规来看，中央政府的权力覆盖面较广，地方政府的权力来源于中央的授权。但是，中央政府的权力在多数情形下是要通过地方政府去贯彻执行。在此制度背景下，地方政府事实上享有了较大权力，进而在一定程度上造成了地方政府各自为政的现象。

优化中央与地方权责关系的具体构想

王尔德：针对上述问题，课题组提出了哪些改革思路？

侯永志：基于政治统一、发展与服务相平衡、受益范围、效率四项改革原则，课题组提出了如下改革思路：在维护中央政府权威的前提下，以适应经济发展方式转变的客观要求为基础，以理顺中央与地方的财税关系为突破口，以构建“权责一致、集分适度、相互制衡、科学规范”的新型政府间权责关系为总体目标，加快推进不同层级政府间权责界限的模糊化向法定化转变。

王尔德：课题组对中央与地方政府之间的权责优化提出了哪些具体的构想？

侯永志：首先是从经济发展的权责角度来看，主要涉及宏观调控、市场规制和公共资源配置等重点领域。1.宏观调控。职责和权力均应适度向中央政府集权，以更有利于国民经济的稳定发展。2.市场规制。主要是指促进市场有效竞争和消除市场负外部性的基础性制度，如知识产权制度、市场准入、价格控制以及质量、资源、环境、安全等方面的规制。从维护政令统一的角度和效率最大化的原则出发，决策权和监督权主要归属中央政府和省级政府（考虑到我国区域差距较大，省级政府可享有一定的决策权），执行和管理的权力主要集中在地市级政府。3.资源配置。应以发挥市场配置资源的作用为主，政府的职责更集中于决策和监督，以提高资源配置效率、有效控制负外部性。对于跨区域（或流域）的资源将根据区域范围，将相应的权责配置到区域范围内较高层级的政府；对于主要用于加工再生产的资源，如矿产资源，则主要发挥市场配置资源的作用，但是中央政府和高层级的地方政府要承担主要的监督权；对于重要的战略性资源，相应的权责主要归属于中央政府。

其次，是从政府公共服务的权责角度来看，依据受益范围的不同，兼顾效率原则。1.对于交通基础设施、市政设施、消防设施等受益边界相对明确的领域，要明确各自的责任主体。如高速公路，跨省的则由中央政府负责，跨地市的则由省级政府负责，地市辖区内（包括县以下区域）的则由本级政府负责。2.对于教育、医疗、社会保障等以“人”为中心的公共服务，可以充分借鉴国外经验，由中央政府承担主要职责，政策的制定权和监督权归属中央政府，执行权主要集中在县以下政府，省市级政府主要承担管理和部分监督权。3.对于住房和社区维护，以及娱乐文化建设的职责主要集中在地市级以下政府，中央政府和省级政府承担政策的制定权和监督权。

应当强调的是，尽管某些公共服务的职能归属于地方政府执行，但是中央政府应对其负有制度和标准的决策权以及执行的监督问责权。

增强地方政府财政收入自主性平衡能力

王尔德：在优化中央与地方权责关系时，财税体制是一个关键因素。我们应当通过怎样的财税体制改革确保各级政府的财力与事权相互匹配？

侯永志：课题组认为，在依法明确划分不同层级政府的职责权限之后，必须进一步明晰中央与地方政府的财权，并确立严格、明确的法律依据，以保证政府间“责—权—益”的一致性。

课题组提出的具体建议如下：

首先，是以不同层级政府的事权划分为基础，优化政府间收入分配。统筹兼顾各地区之间的利益分配关系，对各级政府的事权、支出责任、财政资源进行充分的科学论证，依据税种的基本属性和经济效率的原则，分类推进改革。适度减少共享税，尽可能避免税源跨地区的转移所造成的区域之间分配的不公平。

其次，是加快构建地方税体系，增强地方政府财政收入自主性平衡能力。地方税体系的构建应建立在维护国家税政统一的前提之下，并能体现正确的利益导向，适应各地区城镇化、工业化发展不同阶段的客观要求。重点是降低间接税（流转税）的比重，提高直接税占比；允许地方政府在不违反国家政策统一性的前提下，结合本地的实际，开征部分地方性税种。

再者，进一步完善财政转移支付制度，有效平衡区域之间的人均财力。减少税收返还，可考虑将减少的税收返还部分用于增加一般性的转移支付。尽快调整专项转移支付中的地方配套制度，提高专项转移支付资金的效率。对归属于中央政府的职责，应取消地方政府的配套；而属于地方政府支出责任范围内的，应取消中央政府的专项转移支付。要在遵循经济发展规律和科学测定的基础上，分领域、分阶段地提高均等化水平，以降低改革成本，减少改革失误。

研究制定有关中央与地方关系的专门法案

王尔德：法学界的多位专家曾经提出，为了尽快促使我国政府间关系走出“权力无序博弈”的局面，我们应该用法律和制度来加强政府间权责关系的规范化建设。

侯永志：政府间责权关系的调整是一项复杂的系统工程，以往我国更多的是依靠以政策、行政命令为主要手段实施政府间的各项权责，改革为不同行为主体留下了较大的行动空间，导致了中央政府与地方政府互相制约，用法律来规划政府间的权责关系，非常重要。课题组提出分两步走的建议。

第一步，建议在法律层面明确规定各级政府的权责。

我国《宪法》和有关法律对中央政府与地方政府的职责、权限已经有了一些规定，但都有点原则化，不易操作，使得在政府间关系的改革调整中，无论是集权还是放权，都缺少充分的法律依据，导致调整过程带有较大的不确定性。因此，建议进一步明确地方政府的法律地位和剩余权力的归属，明确中央政府与地方政府职责权限的划分原则、监督机制和相关法律程序（如职责变更的法律程序等）。

我们应当借鉴国际经验，加快研究制定有关中央与地方关系的专门法案，用相关法律明确划分中央政府与地方政府的权责范围，这是各国的通行做法。例如，德国《基本法》不仅规定了各级政府的职责范围，而且还对各级政府间可能出现的职责交叉、错位等问题做出了明确界定。再如，日本的《国会法》、《地方自治法》等法案都对中央与地方关系做出了明确的规定：凡是关系到国家根本利益和国计民生的重大事务，皆属中央政府一管到底，凡属地方政府的固有事务和中央政府交给地方经办的委任事务，皆由地方政府在中央政府有关法律指导下自主办理。

因此，我国应充分借鉴国际经验，加快研究制定相关法案，明确各级政府具体的职责范围、权力划分，明确中央政府与地方政府的立法、司法关系，明确中央政府对地方政府监督的程序、方式，从而在法律上界定职权职责关系以及领导主体机构间的关系，促使公共权力在统一的法律框架下规范化运行。

（本文载于《21世纪经济报道》2013年5月23日6版）

李毅中：
工业改革需要解决“科技与经济两张皮”的问题

李毅中，全国政协经济委员会副主任、原工信部部长。

在卸任工信部部长一年之际，中国首任工信部部长李毅中与本报记者畅谈中国工业的转型与升级。

2008年3月，李毅中从国家安监总局调任工信部，这个新成立的超级大部，要负责除能源之外的中国几乎全部工业领域，也是2008年“大部门制改革”的重要部门。

但2010年3月，李毅中却选择公开撰文，直陈工信部“目前仍有一些重要职能还没到位”，“三网融合”等重点工作推动难度很大，希望“要克服部门利益和习惯做法等各种阻力，坚持一件事情原则上由一个部门负责”，“大部门制改革要充分到位，决不能半途而废”。

在与本报谈起中国工业大而不强的旧疾时，李毅中痛心疾首，“中国缺乏关键技术和核心技术，不少是低水平的重复，缺少市场竞争力”，应尽快改革“经济和科技两张皮”的问题。

李毅中认为，在对传统产业进行升级和改革的同时，也要加快发展战略性新兴产业。新型产业代表着科技创新和产业升级的方向。在2010年，工信部与发改委等相关部委一起框定了“七大战略性新兴产业”，其中工信部负责编写高端装备制造、新材料、新一代信息技术、节能与新能源汽车四个专项规划。

在政企关系上，李毅中对本报强调，应是政府引导、企业主导，要转变政府职能，“企业自己决策去做什么，不去做什么，尽量让市场去检验，政府在准入和标准上加以规范，在信息上予以引导”。

中国工业研发投入不足、自主创新不够

王尔德：您曾经多次提到，中国工业的一个特点是大而不强，所以要实施工业转型与升级战略。但中国缺少一批世界级先进企业，一些核心技术还没掌握。您认为主要原因是什么？

李毅中：我们的工业大而不强，一个很主要的原因是，中国缺乏关键技术和核心技术，不少是低水平的重复，缺少市场竞争力。

在科技政策上，政府的引导是正确的，科教兴国这是一个基本战略，科技是第一生产力，这个口号一直提得很高，叫得很响。但实际上，我们企业在研发上的投入很不够。“十一五”期间，我国规划的研发费用占到GDP的2%，实际上只有1.7%多一点。具体到工业领域，2010年全国规模以上工业企业的研发投入占营业收入的比例是0.69%。一般而言，跨国公司平均研发费用占其营业收入一般都在2%或3%以上，一些技术更新换代快的行业则更高，如电信行业，可以达到10%，甚至15%。

另外，我国相关的体制和机制存在问题。其中，最重要的是“科技和经

济两张皮”的问题没有很好解决。我们对科研成果的考核，重视成果鉴定、论文评奖和职称评定等，而忽视了把科研和工业、产业结合起来，转换成实际的生产力。科技是第一生产力，是说实际的生产力，而不是停留在论文和成果鉴定上。

王尔德：怎么解决“科技与经济两张皮”的问题？

李毅中：过去我们提“产学研”相结合，这个概念三四十年以前的计划经济时代就提过，当然是正确的，但是“产学研”中的产是生产的产，产不能代替用。你生产的东西，自己觉得再好，但是没有用户，或者用户觉得你的东西不可靠，不如进口，进口的产品可能更便宜，服务更周到，那谁买你的呢？所以“产学研”结合要加个“用”字。

在组织机构的管理上也存在问题。中科院是国家级的研究院，我们还有200多个行业研究院或设计院。它们是我们国家的宝贵财富，它们的事业单位编制、企业化管理改革方向是对的。

我在国资委工作的时候，划到国资委管的研究院、设计院，这都是行业排头兵，在考核的时候我提出，不能光看它的资产保值增值，也不能光看它的利润，还要看它做的原创型研究和应用研究。

研究设计单位企业化管理之后，首先面临生存问题。而比较常见的赚钱做法是，把储备的技术拿出来办“小生产”。短期内，日子过得不错。但是如果没有科研成果，一年两年显现不出来，三年四年之后，相关领域的技术就会滞后。如果又没有创新技术研发出来，科技创新就缺乏可持续性。

所以，我认为，企业化管理的改革方向是对的。也就是说，研究机构应该有压力，但是压力要能促使其研发成果转化，而不是仅仅办“小生产”。

因此，我建议，在其考核指标中要强调一条，即科研成果、科研项目能产生出多少创新成果。

发展战略性新兴产业应进行机制改革

王尔德：工业转型升级战略的一个重要措施是发展七大战略性新兴产业。发展新兴产业时，应该如何处理政府与市场的关系？

李毅中：在发展战略性新兴产业的过程中，政企关系方面，应该是企业主导、政府引导。政府要起到引导作用，负责整体规划、产业政策、进入门槛、技术标准、深化改革，等等。

在产业政策方面，政府作用很重要。比如我们现在生产的多晶硅占世界产量的47%，每年90%以上的光伏组件产品都要出口，最高一年达到了97%。尽管光伏发电是绿色低碳和环保的新能源，但生产多晶硅却是高耗能高污染的，产生的四氯化硅是高污染物。我们为什么要把能耗和污染留给自己，把清洁能源送给别人？说到底就是没有政策。

王尔德：在七大战略性新兴产业中，关于电动汽车的争论很多，您怎么看待现在电动汽车的格局？

李毅中：首先，电动汽车的技术还有待进步。我曾去考察过不少汽车制造厂，电池的问题根本没解决。最典型的就是用碳酸锂、磷酸铁锂做的最新电池，能量密度只有每千克0.1千瓦时电，而1次充电只能跑150公里，消耗20度电，那就是要200千克电池。200千克相当于三四个人的重量。此外，还要解决充电网络和缩短充电时间的问题。

所以，电动车离商业化、市场化还有很远的距离。因此，现在电动车最大的问题还是技术问题。靠各个厂分散攻关都做不好，应组织行业攻关，尤其是电池、电机和电控的难题。

王尔德：这是否意味着要在机制上进行改革？

李毅中：对，发展战略性新兴产业，要进行一些体制和机制的改革。比如，发展新一代信息技术，现在“三网融合”举步维艰，急需相应改革来推进。再如，电动车将来怎么市场准入，也得有一套办法。高端制造，要发展通用飞机，低空要开放；生物医药，各种保健品充斥市场，也需要加强监管；新能源产业的发展，离不开电力体制改革的深化；发展节能环保产业除了加快财税改革外，还要进行碳排放、碳交易等制度探索，同时也有赖于生产者责任延伸等制度的完善。

引入主体功能区破解地方重复布局问题

王尔德：中国产业的发展，无论是传统产业，还是战略性新兴产业，往往会出现大家一哄而起的现象，结果产能过剩，市场容量不够，最后，很多企业不得不关门破产。比如说这两年的光伏项目，全国各地基本上没有不做的，这个行业刚刚开始发展，就出现产能过剩。

李毅中：中国太大，情况太复杂。政府应当加强规划。在所有的规划当中，人大通过的“十二五”规划纲要，这是具有法律约束力的。但是具体要做哪些项目，某个项目在哪里布局，往往是由区域规划或专项规划来决定的，通常要和地方政府共同协商。

但部门规划的效力多是半指导性的，无法做到大小项目都审批。

从政府改革方向来看，主流精神是不要去干预企业的具体经营活动，企业自己决策去做什么，不去做什么，尽量让市场去检验。政府所应做的是在准入和标准上加以规范，在信息上予以引导。因为市场信息不够充分，或者投资者的认识还不够，所以一个产业，尤其是新兴的产业，就会出现一哄而起的现象。对这种现象也不必太过担忧。我们的政府处在转变职能的过程中，转型期的很多规章制度还不健全、不规范，这就需要通过市场竞争来优胜劣汰。一些企业经受了竞争的考验，还能通过兼并重组做强做大，也有一些企业会被市场淘汰或重组。

王尔德：“十二五”期间各地又呈现出“大干快上”的现象，其中产业布局上的重复建设的风险日渐显露。对此您认为有没有解决机制？

李毅中：我在调研中曾经遇到一个困惑，就是中央很明确地提出“十二五”的GDP增速为7%，但是全国多数地方规划的GDP增速在10%以上，还有一些地区提出GDP翻番。

“十二五”是全面实现小康的关键时期，小康不仅是人均GDP，更要具体量化为多项民生指标，如在民生方面，城镇居民人均可支配收入26000元，农民人均纯收入7800元，城乡平均恩格尔系数为30%，城乡社会保障覆盖面达60%，上网人口占总人口比重达40%，人均生活用电量达700千瓦，每万人口医师达25人，平均预期寿命达76岁，环境质量指数为90%，等等。

用这些小康指标来评价，长三角、珠三角和环渤海等一些地区都已经达到了，当然还要再提高水平，难还是难在中西部欠发达地区。有些地方领导对我说，如果到2020年不能进入小康，我怎么向人民交代？所以不少西部地区提出要跨越式发展，只有赶上这班车，才能和全国人民一起进入小康社会，才能长治久安。

中西部地区要发展，问题是怎么发展。我认为要“差别化”发展，这三个字首先出现在《中共中央关于进一步支持西部大开发的若干意见》中，后来在“十二五”规划纲要里面也有体现，这就是主体功能区战略。

我国各地区自然环境和资源条件迥异，不能按照统一的模式进行发展。根据全国整体发展规划及各地具体情况，我国国土空间按开发方式分为优化开发区域、重点开发区域、限制开发区域和禁止开发区域。

各地的产业布局应在区域发展战略和主体功能区战略的前提下，根据自身资源禀赋、环境容量、市场状况、产业基础这四个条件，选准其优势产业，对优势产业应予鼓励，对不适宜的产业应予限制，对落后产能应予淘汰。这就是常说的差别化发展和错位发展，防止产业雷同和低水平发展。

为此，国家也需要出台一些分类管理的区域政策和绩效评价办法，相关部门应制定符合实际的差别化政策。

中国制造业应向高端发展

王尔德：现在美国和欧洲又提出“再工业化”，对此您怎么看？

李毅中：金融危机之后，全球都在思考调整结构，西方国家提出“再工业化”，美国一度不提实体经济，醉心于虚拟经济，结果造成金融危机，吃了大亏，教训深刻。中央经济工作会议就提出要高度重视实体经济。

西方提“再工业化”，也不是简单的重复，他们要做高端制造，还有的提出“本土回归”。它的大部分制造业都转移了出去，物流成本很大，回归本土更容易保证经济安全。这些都是他们的新认识，我们应该借鉴。

王尔德：您如何看待中国制造业的发展水平？有观点认为，中国制造业的优势在消失。

李毅中：这个问题要从两方面看。一方面，我认为，我们要承认“中国制造”不是贬义词。所谓制造业不光是指机械制造，工业里面除了采掘业和能源工业以外，都可以叫制造业。从规模上看，毫不夸张地讲，中国制造业是世界第一了。

工业产品有500多种，其中220种是世界第一；从技术上讲，我们既有自主创新，也有引进消化吸收再创新，有一些已经达到国际水平；还有就是人才，我们有了高素质的产业大军，包括一流的专家、工程师和技术工人。当然，也要看到，我们自主创新还不够。在一些领域，核心技术和关键技术还受制于人，制造业整体还处于中低端。

另一方面，也要看到，我们在发展中已经遇到了不少问题和挑战，支撑中国制造业高度发展的三个优势正在弱化。第一，农产品的价格越来越高，逐步和国际接轨。之前我们是以农业支援工业，现在是工业反哺农业、城市支援农村了。第二，土地的价格也在发生变化。过去，国有企业的土地，是政府无偿划拨的，现在要按用途评估、审批，然后以市场价购买，土地的价格已经很高了，土地进入资产负债表，降低了资金的利用率。第三，中国廉价的劳动力优势正在减弱。尽管中国的劳动力价格便宜，但是劳动生产率不高。长期低工资是不可持续的，人工成本的上升是必然。

但我们要理性地看待这个事情，不要感到奇怪，对自己要有信心。资本在选择投资地点的时候，不光看劳动力价格这单个因素，更看劳动力本身的素质。和东南亚、非洲那些国家比，我们的劳动力大军的整体素质比他们要高得多。

综合资源、环境、人才、技术、市场、社会等因素，我国仍具有发展制造业的综合优势。

王尔德：面对中国制造业发展正在减弱的局面，应该采取哪些措施？

李毅中：我们要努力发展自己。我们自主创新的研发投入还不够，一些领域的关键技术、核心技术，我们还未掌握。还要深化信息化和工业化的融合，进一步提高产品的质量和档次，提高管理水平，创造新的品牌。在未来的资源、能源和环境制约下，要加大节能减排的力度，使得我国制造业竞争力不断提高，从中低端向高端发展，提升整个产业链。

（本文载于《21世纪经济报道》2011年12月30日19版）

林喆：
社会管理创新是政治体制改革的一部分

林喆，中央党校教授，博士生导师。代表性著作有：《权力腐败与权力制约》、《权利的法哲学》、《黑格尔的法权哲学》、《法律思维学导论》，等等。

“如果说把社会管理创新理解为维稳下面的子概念，这就将社会管理创新矮化了。”中央党校教授林喆对本报记者强调道。

在她看来，这一概念的提出有其历史必然性，也是深化改革的要求。“社会管理体制改革与经济体制改革脱节的时候，很多矛盾必然会出现，如果化解这种矛盾，治理的理念必须由堵变疏。”

“我们为什么要在社会领域改革？这是我们必须反思的问题。我认为最根本的原因是，现在人民的主人翁与官员的公仆之间的角色颠倒了。理顺这种关系，厘清政府与社会的界限和分工，就显得非常急迫。”林喆分析。

从2010年上半年开始，从在北京政法委讲了社会管理体制创新的第一堂课之后，她就不断收到其他地方政府的邀请，邀请去讲课，“2010年先后讲了十几场”。2011年，她要在中央党校开一门社会管理创新的课程，其听众是一些局级干部，其讲课重点就是她提出的由九大制度支撑的“社会协商对话机制”。

为此，本报记者专访了林喆教授，请她详解社会管理体制创新的原意、目标、制度设计以及面临的挑战。

改变“大国家、小社会”的格局

王尔德：您能介绍一下政府提出“社会管理创新”的经过吗？

林喆：近年来，党和政府一直重视社会管理的改革与创新。在2010年十七届五中全会通过的“十二五”规划建议中，关于“加强和创新社会管理”这个议题单独成段，提出按照健全党委领导、政府负责、社会协同、公众参与的社会管理格局的要求，加强社会管理法律、体制、能力建设。

然后，到2011年2月19日上午，在省部级主要领导干部社会管理及其创新专题研讨班中，时任中共中央总书记、国家主席、中央军委主席的胡锦涛同志发表了题为《扎扎实实提高社会管理科学化水平》的讲话。在讲话中，胡锦涛同志提出了当前要重点抓好社会管理工作的八点意见。

王尔德：那么，您认为，现阶段我们为什么要提“社会管理创新”？

林喆：从大的方面来说，这是我国政治体制改革的一部分，逐步地改变“大国家、小社会”的政治格局。首先是因为我们的社会管理体制落后了。我们看到，社会矛盾很多，群体性事件不断，社会的管理已经远远跟不上经济体制改革的步伐了，很多地方与现实的需求脱节了，所以迫切需要改革和创新。其次是社会管理存在薄弱环节。以往我们一想到社会管理，首先会想到这是党和政府的事情，而没有考虑到让群众也参与进来。这种将群众排除在外的办法，既不民主，也不科学。在很多问题上，政府喜欢大包大揽，但有时他们做不到他们想象的那么多，或者做不了他们承诺的那么好，结果吃力不讨好。实际上，他们应该尝试把这些问题交给社会去解决，相信人民群众的力量，群众的智慧是无穷的。我们不是说网民多有才吗，可惜的是，他们的才能没有用武之地。所以我们的观念要更新，我们一些干部害怕民众，想得多的是“水能覆舟”，其实水也能载舟啊。我们现在讲创新，一个重要的内容就是让社会和群众也参与进来，发挥他们的力量和智慧。

王尔德：在您看来，这一概念具体包括哪些方面的内容？

林喆：我认为，未来的社会管理，应当广泛吸纳各种积极的社会力量的参与，引导民众有序参与到社会管理事务中来，从而实现民众参与国家管理和社会管理的权利。这种参政权主要表现在两个层面：一是个体层面的参与与公民自身的公共参与；另一个是公民通过结社形成的社会组织的参与，比如各种非政府组织对社会事务和国家事务的参与。社会管理创新要围绕上述两个层面来展开，其目的就是更好地实践“以人为本、执政为民”的根本理念。

王尔德：有观点认为，如果将社会管理创新放在维稳的前提下讲，在一定程度上就弱化了这一概念的丰富内涵。对此，您如何评论？

林喆：维稳当然很重要，只有稳定了，才能保证国家的秩序正常运转。但同时，我们也必须思考，国家秩序正常的运转，其目的是什么呢？社会管理创新客观上可以起到维稳的作用，但不应该是为了维稳才去创新。如果说把社会管理创新理解为维稳下面的子概念，就将社会管理创新矮化了。正如我们在前面所讲，社会管理创新应该有其自身的动力和使命。

建立社会协商对话机制

王尔德：具体而言，就社会管理创新，您有没有一些制度上的设计去推动这一概念的落地？

林喆：不同的地方政府会从不同的着眼点，去将这一概念具体化，落地为实。我作为学者，对此有自己的思考，我在过去一年多的不断讲学和研究中，逐步总结出了一套自己的社会协商对话机制，通过这套机制加强社会各个层面的沟通，消减矛盾，促进和谐。

具体而言，这一社会协商对话机制主要包括九个制度：首长接待日制度、听证制度、发言人制度、对话制度、特别信息公开制度、谈话制度、举报人保护制度、人大代表和政协委员公开述职制度。在此，我选择其中比较重要的五点建议来介绍一下。

我首推首长接待日制度。这里的“首长”包括各部门、各组织的“一把手”，从居委会、村委会、物业管理委员会主任，到县长、专员，再到局长、市长、省长、部长、各级党组织的书记，都应有定期或不定期地接见其所属部下或群众的日子，听一听他们对自己工作的建言，也让公众知道“首长”到底都在干什么，消除人们对政府的神秘感。

其次是听证制度。各级政府在做出关系民生的重大决策之前，必须进行严格听证。目前，听证最大的问题是走过场。需强调的是，听证不是为了听取大多数人的意见，而是为了搞清楚少数人的意愿，这样可以使政府看清阻力来自何方，事先采取一些救济措施。

然后是特别领域的信息公开制度，尤其是关系到公民民主权利实现的领域的信息。以举报权为例，现在腐败这么严重，但很多人不知道如何反腐，不清楚纪委和检察院的分工。我认为，在政府大厅内应像宣传计划生育那样宣传举报信息，让群众清清楚楚知道如何举报反腐。

再次是党务政务公开制度。以前讲政务公开比较多，现在我们必须提出党务也要公开，特别是将人员的任用、罢免，以及决策、考核这些党务政务的主要环节的运行展现在阳光下，让民众知晓和监督。

最后是，人大代表、政协委员公开述职制度。我主张人大代表和政协委员应每年至少一次分别在所选区域向选民或推荐单位汇报自己是如何履行代表职责的。对于民众不满意者，选民或推荐单位可以向有关组织提出罢免的要求，改变人大代表和政协委员徒有其名滥竽充数的现象。

王尔德：目前，在您的调研中，有没有发现一些让您印象深刻的地方政府社会管理创新的个案？

林喆：我想举一下湛江的例子。从党的“十六大”正式提出，到2006年中纪委、中组部发布《关于党员领导干部述职述廉的暂行规定》，领导干部述职述廉制度已成为党内监督的一项“硬规定”。在一方面，我认为湛江做出了大胆的创新。2010年，区县级书记进行述职述廉的过程通过网络公开了。创新之一表现在，增加了公民的质询环节。网民可以对这些书记正式发问，而他们必须做出回答，这么一来有利于化解民众的不满。第二点创新表现在，述职的是现场公布评分结果。以往很少当场打分、当场公布结果，留下了暗箱操作的空间和猜想。现在实行当场评议、当场打分、当场计票、当场公布测评结果，这大大增加了官民之间的信任。

王尔德：政府在尝试社会管理创新的时候，将会面临哪些转变？

林喆：首先是从大政府逐步变为一个小政府。现在是政府的职能太多，很多不需要它来做的事情，它也要做，这就是我们说的政府越位；很多需要它来做的地方，它不去做，这就是缺位。这种越位与缺位的现象，背后的原因，就在于政府的职责不清，所以我们现在思考，政府的职能到底有哪些？政府与社会的界限在哪里？像现在，政府在很多领域与民争利，这就是界限不清的表现。政府必须退出某些社会领域，让社会自己去管理自己。这个过程既是政府自我减负的过程，也是从大政府变为小政府的过程。

第二个转变是从权力政府变为责任政府。以往是政府的权力很大，在某些领域没有监督与制约，有着一种四处扩张的冲动，现在重新定位政府与社会关系之后，必须抑制这种冲动，让它们在进行权力扩张时考虑到其法律责任，增强它们的责任感。这个过程既是政府放权的过程，也是政府逐步清正廉洁的过程。

可以预期的是，这两大转变都将对政府提出很大的挑战。

（本文载于《21世纪经济报道》2011年3月4日特3版）

朱光耀：
研究体现中央和地方财力和事权相匹配的新税制

朱光耀，全国政协委员，财政部副部长，党组成员。长期从事对外财经交流与合作，谙熟国际金融领域。

税收授权法案只限于个案

王尔德：在现有的18个税种中，除了个人所得税、企业所得税和车船税是由人大立法规定的，其余税种都是由国务院以行政法规来规定的。因此，有代表建议人大应该收回立法权。

朱光耀：根据《立法法》，税收立法权并不属于法律绝对保留的事项，人大拥有专属的税收立法权，但在特定情况下可以授权行政机关去立法。这就是人们常说的授权立法。

我认为，未来改革的方向，应该按照税收法定的原则，限制授权立法的范围和内容，并规范授权立法的程序，税收授权立法只能限于个案。

问题在于，假设未来我们所有的税收立法，都由人大收回立法权的话，他们可能会面临工作量很大的问题。我认为，人大和政府应该进一步协调。

王尔德：关于房产税试点，是否会进一步扩大？有没有时间表？

朱光耀：没有时间表。我只能说，正在认真总结个人住房房产税改革试点经验，积极研究如何逐步扩大试点范围。

王尔德：不少地方存在土地财政问题。而土地总有卖完的时候，如何充实地方的税源，有学者提出可以靠房产税来代替土地出让金。对此您怎么看？

朱光耀：土地出让金的问题，是大家争论比较大的话题，比较复杂，应综合考虑，要有整体全面的设计。我个人认为，以后靠用房产税来代替土地出让金，充实地方财政收入，作用有限。

研究新税制是最重大的课题

王尔德：1994年分税制改革以来，不少地方反映，地方政府存在财权和事权之间不匹配的难题。对此您怎么看？

朱光耀：首先，要澄清“财权与事权”不匹配是不准确的说法。准确的说法应为“财力与事权”，咱们得严格按照党的“十八大”报告的说法去表述。这也是我们历来就应该坚持的，因为我们是单一制国家，财权绝对是归国家的，但具体的财力得在各个地方合理分配，在这一点上我们不能有任何误解，所以我们应该说“财力与事权”。

其次，我们要承认，分税制是当代中国改革历史上浓墨重彩的一笔。当年时任国务院副总理的朱镕基带着团队，一个省一个省地跑，一个省一个省地谈，最后谈出一个可以报告的材料，经过中央批准，最终才形成了现在的这种分税制。它在当时理顺了税制，解决了中央财力不足的问题，推动了中国经济增长的基本框架的建立。因此，我们必须承认它对中国经济发展的历史作用，功不可没。

再者，分税制实施快二十年了，面对新形势新变化，我们要研究能够体现中央和地方财力和事权相匹配的新税制。这是改革最重大的课题，是牵一发而动全身的根本性体制问题，一定要反复地探讨，认真地研究，广泛征求各方面的意见，平衡各个方面的利益。

现在各个利益集团有不同意见是正常的，所以我们需要听取各方意见，最后由中央下决心、人大通过法律做调整。这个调整，不是简单的调整，而是制度的调整。这也是我们经济改革中最攻坚的一项任务。

王尔德：具体来说，应当怎样来调整？

朱光耀：我认为，调整是一个过程，现在就是在一步一步地进行调整。“营改增”就是一个调整的突破口，改革后的增值税分配原则是国家和地方分别占75%和25%，这就是一个不断调整各方利益的过程。对这项改革，中央和国务院非常重视。李克强同志多次亲自主持会议，亲自推进、反复强调要平衡各方面关系。同时，李克强同志发现，“营改增”在交通行业出现增税的问题之后，也提醒大家要注意解决。他也看到了“营改增”释放出来的积极能量，并要求进一步推广。在先期试点的基础上，2012年9月将试点范围进一步扩大。在改革过程中，我们要处理好方方面面的利益关系，确保改革不断沿着正确方向前进，最终取得成功。

王尔德：之前有报道称，国税与地税要进行合并。

朱光耀：这属于传闻。我没听到这种说法，从来没有讨论过，更不用说所谓提上议事日程。

王尔德：在央地关系问题上，转移支付也是大家关心的。很多专家建议，应减少专项转移支付的比重，增加一般性转移支付的比重。具体来说，

您认为，哪些专项转移支付应该削减？

朱光耀：对中西部地区而言，由于经济基础相对比较落后，一般性转移支付占其财政收入的很大一块，有助于各地实现公共服务的均等化。因此，减少专项转移支付的比重，增加一般性转移支付的比重这个方向是对的。但具体到要减少哪些专项支付，这个还要平衡各方面的利益，进一步研究。对专项转移支付，我建议，未来在时机成熟时应该公开，因为公示之后会更透明。

支持开征碳税

王尔德：在环境税问题上，关于碳税是否应该纳入进去，争议很大。您怎么看？

朱光耀：要不要开征碳税，目前一直有不同意见。我个人觉得应该开征。在分组讨论时我就讲了，把气候变化、环境问题作为"两张皮"来处理是不可能的。

气候变暖造成大气环流的变化，大气环流的变化造成污染物的沉积，沉积物上又负载了大量的氮和氨等有毒气体和有毒化学元素。这些有毒化学元素长期的积累，又会直接影响气候变化。可见，环境和气候变化是相互影响的。因此，顺应人民的呼声解决雾霾问题，我们必须把环境和气候变化问题统筹考虑。

至于有人说碳税到底该怎么征收、税率该定多少，那就是技术问题了。现在我们讨论的是要不要开征的问题，我认为各方应尽快形成共识。

王尔德：这个问题目前《大气污染防治法》也在修改，但进展缓慢，其中一个很重要的原因就是，现在环保部上报的草案建议稿中有气候变化的相

关章节，而发改委又在组织起草气候变化立法。

朱光耀：这次政府工作报告做出郑重的承诺，在环境问题上给人民满意的答复，因为经济发展和资源环境的矛盾已经日益尖锐。政府工作报告用这种词句，说明国家对环境问题高度重视，也充分体现了国家对人民心声的了解。如果有关单位再扯皮，那就是对党和对国家事业不负责任。我强烈建议，国务院应该尽快统筹协调。

王尔德：环境税开征有无时间表？

朱光耀：目前，有关部门正在组织起草《环境税法》草案，具体的时间表要看《环境税法》的进展。既然国家“十二五”规划明确提出，“要积极推进环境税费改革，选择防治任务繁重、技术标准成熟的税目开征环境保护税，逐步扩大征收范围”，那么有关部门应落实这一要求，加快工作进展，早日出台《环境税法》。

（本文载于《21世纪经济报道》2013年3月12日2版）

张国宝：
能源改革，需要更多勇气

张国宝，国家发改委原副主任、国家能源局原局长。

双眉花白，面带微笑，百无禁忌。

在告别国家能源局九个多月之后的一个下午，这位卸任的中国能源“大管家”张国宝，与本报畅谈中国能源问题。

他转岗全国政协经济委员会副主任之后，也同时担任国家能源专家委员会主任，对能源问题依然十分关注：“今年‘两会’期间还写过一次关于‘水火（水电和火电）同价’的提案。”

在与本报近三个小时的谈话中，他滔滔不绝，几乎未有间断。唯一的一次间断，是他起身去办公室拿一些关于特高压的文件资料。

他记忆力超群，对各种能源数据烂熟于心，同时对地方和行业的动态情况也相当了解。

在本次专访中，张国宝完整而系统地解释了对诸多能源问题的看法，并首次对外阐明了其对特高压电网和电力体制改革的观点。

他特别澄清：媒体称其为改良派是误报。他表示，自己是改革的亲历者和实践者，至于自己是改良派还是改革派，“任凭后人评说”。

水电还应发展，但要有序

王尔德：现在各地疯狂上马小水电，对生态破坏很大，您怎么看这种现象？

张国宝：事实上，我反对各地乱上马小水电。

首先，小水电有体制问题。能源电力顾名思义应当由能源局或者国家发改委管，但小水电现在是归水利部管。有观点称，通过小水电解决了穷乡僻壤的用电问题，也致富了一方，所以在电力体制改革当中，水电曾经是一个很大的争议点。现在还存在许多县，其水电是归水利部门管的。

其次，我对小水电的技术也有意见。现在大量采用的是引流式发电技术，它把自然的河流通过隧道或者隧洞引流到下游，形成一个高水头，在下游发电，致使原来的河道干枯了，影响到了正常的生活生态用水和景观。

王尔德：关于是否要在怒江建水电站，您怎么看？

张国宝：有人主张开发，但是也有人，特别是一些非政府环保组织说怒江是一条生态河流，还没有一座水电站，是不是应该保留它的“原生态”。但是当地政府认为，还是应该建。

实际上，怒江不是完全没有水电站，在境外的下游部分已经有水电站了，在上游和支流也有小水电站。

原发改委能源局曾组队去怒江考察过，团中有人回来后极力主张进行开发，他说不让开发的人是理想主义者，因为实际情况是怒江在1500米海拔以下的边坡植被已被破坏，已经不存在原生态了，在很多地方，由于当地居民要生存，搞了很多“大字报田”（记者注：种在山梁上的农田，像张贴在山梁上的大字报，被称为“大字报田”），对生态的破坏同样很严重。主张建水电的和反对建水电的人争论很激烈，环保主义者说你们不要干，而当地人问我们穷成这样了我们靠什么来收入？环保主义者说，你们可以搞旅游。但地方的同志并不认可旅游能致富这种想法。

我个人认为，完全不搞一个电站就能保护一条河流的时代已经过去了，更何况怒江下游事实上已有水电站。但我主张有序开发，不要像原先那样做“一库八级”的水电开发大项目，而是在六库这个地方先建一个水电站，还可解决怒江州所在地的用水问题。先建一个试试，看看情况怎么样，有不少人持这种主张。但这需要科学论证，协调好各种意见。

王尔德：既然已经建了这么多，今后“十二五”期间还有没有必要再上很多大型水利工程？

张国宝：还是要上的，为了完成非化石能源的比例，水力发电要承担最主要的份额，否则怎么能实现到2020年非化石能源占一次能源消费比例15%的国际承诺？目前，中国的水资源开发程度仅仅为24%，远远低于美国和日本等发达国家水平，美国开发程度为82%，日本开发程度为84%。

王尔德：最近，政策层面对非常规油气非常重视，如何判断这一形势？

张国宝：我认为应该加快发展非常规油气，目前发展很不够。我在任时，也一直呼吁发展。20世纪90年代，我和时任国家计委副主任叶青去美国考察，那时美国的煤层气已经做到600亿立方米，我们国家是零。

在中国，瓦斯是第一杀手，可是在别的国家却被当资源利用起来，回来以后我们就力推煤层气，而且专门成立一个公司，叫作中国煤层气公司，这家公司有两家股东，一家是中石油，另一家是中煤公司，虽然做了不少工作，但并没有做得很大。

后来页岩气美国人研究出来了，我们知道得确实太晚了，在我任内已经批了在四川跟美国合作试点，但现在刚刚开始，可能要经过十年努力才会有些规模。

能源发展缺口主要还得靠核电

王尔德：日本福岛核事件以后，德国宣布2022年前将关闭所有核电站。一时间，核电发展的必要性讨论再次升温。您怎么看待德国的这一决定？

张国宝：德国因为有绿党，绿党的实力比较强，其反核意愿比较强烈，所以为了联合执政，当政者必须有绿党的选票，最后默克尔政权宣布2022年全部放弃核电。但德国的电有相当一部分是从法国买过来的，而法国是个核电大国，德法边界就有核电站。

美国最近出台了一项能源发展战略，这项战略不仅没有说不搞核电，相反表示要在这个领域占据世界领先地位。

我认为核电是人类科技发展史上一个重要的成果。前几天全球人口达到了70亿，随着人口的不断增长、化石能源的日益短缺，能源缺口拿什么能够补得上？靠搞风电太阳能补得上吗？我认为补不上，还得要靠核电。如果没有核电，靠什么能源养活这么多人呢？因此，核电是保证人类未来化石能源逐渐枯竭后非化石能源供应很重要的一个方面。

王尔德：有人担心，我国核电发展太快了，人才和基础能否跟得上？

张国宝：事实上，我国发展核电非常谨慎，十分注意安全和采用最新技术，所以和周边国家、发达国家相比，我国的核电发展是比较慢的。1964年，我国就爆炸了原子弹，建立了比较完整的核工业体系；1970年12月26日，核潜艇就下了水；1970年2月8日，开始建设核电站，但直到1991年秦山核电1号机组才通过验收，经历了21年。在当时，韩国还没有核工业，但现在，韩国运行核电站21座，我国才13座，韩国向阿联酋出口百万千瓦核电机组，自主研发了140万千瓦核电机组，而韩国的人口和面积仅相当于中国的一个省。目前，日本有54个反应堆，我国台湾地区也有4个反应堆。因此和周围相比，包括和印度相比，我国核电不是发展快了，而是发展慢了。

为什么会慢？不是我国核电技术人才比韩国少，也不是我们的基础比韩国落后，而是我们在发展核电问题上的意志不够坚决，争论太多。相反，我们在研发核潜艇上的意志坚定而统一，1970年我国第一艘核潜艇就下水了。

王尔德：我们关于要不要发展核电的争议后来怎么平息的？为什么在“十一五”期间出现了爆发式增长？

张国宝：由于能源供应形势越来越紧张，同时为了保证有一个完整的核工业和技术队伍，大家对发展核电的认识也就逐渐一致了，还是要大力发展核电。但后来也经历了一会儿要大力发展、一会儿要适度发展的反复。对于什么是适度，不同的人也有不同的解释。

王尔德：上述反复可能更多的是集中在安全监管上的担忧。在目前的监管体制之下，各职能部门是如何分工的？

张国宝：在成立国家能源局时，其中有一个重要内容，就是把原国防科工委管的民用核电这块儿职能拿过来，而且连人带马都过来了。具体就是原国防科工委副主任孙勤同志调国家能源局任副局长，原科工委与民用核电有关的人员也均调至能源局。

目前，国防科工局除负责军工核工业外，还管理着民用核电的一部分，比如说铀矿和废料处理，这块儿职能和国家能源局有交叉。另外，国家原子能机构是设在国防科工局。

还有一些领域处于模糊地带，如跟国外签订核安全条约，和平利用原子能，是国防科工局牵头，国家能源局牵头，还是科技部牵头？有一些争议，还曾到中编办协调。国家能源局与国家核安全局之间也有交叉。

比如，目前国家能源局在编写《核电安全发展规划》，而国家核安全局在编写《核安全发展规划》，这两个规划实际上是有交叉的，都还没出来。但规划制定出台后，还存在是否统一的问题。

还有，机构改革后，原国防科工委的一项职能，即培训核电操作员和资质认证，也带到了国家能源局。

但国家核安全局说这事应该他们管。协调之后的结果是，现在考核还是由能源局考核，但是证书由核安全局发。

因此，核电监管方面，各个部门之间的职能分工仍存在交叉、不清的问题。福岛事故出来以后，我曾经给中央写过一个报告，报告里说，核电看似很多部门在管，现在没有问题大家都抢着要管，真正出问题后我都不知道谁在管，不知道哪个部门是真正的牵头部门。

风电多上网在于电网扭转做法

王尔德：在（2011年）7月举行的中国能源论坛上，您曾经提到读了美国能源部的一份风电报告后，对风电的很多看法改变了。

张国宝：一般人认为，风电是不稳定的，接到电网里必须有多少火电搭配，完全用风电不行；有人还给它设定了一定的目标，比如全网中，风电占的比重不能超过10%。总之，认为风电是不优质的能源。而美国能源部的报告把这些观点都推翻了。报告称并不存在10%的电网接纳上限，已有的技术可以解决这一问题。

西班牙的能源部长来访时也称，他们的瞬间风电曾经占到电网的一半，这是极端情况，但平常的情况下能做到20%～30%。

我把这个情况写报告汇报到了高层。有高层在出访西班牙时还询问了这一话题。蒙西电网（2011年）10月16日风电上网达到8642万度，比例达到24%。所以，风电上网上限并不是我们想的那样，关键是电网公司没有扭转固有的想法。

德国发展屋顶计划，鼓励老百姓房顶上装太阳能，多余的电可以上到网上去。为什么我们不行?

王尔德：有观点认为，“十一五”期间风电发展过快，“十二五”期间风电到了一个战略调整期。您怎么看?

张国宝：我不知道能源局有没有人这样想，他们没有跟我这么说过，但是外界为什么会有这样的猜测呢？可能是只看到了一些现象。2011年把各地风电审批权上收，即要报国家能源局备案。实际上备案也成了一种审批，备不下来，批件就不能动。外界就会猜测，是不是能源局要控制风电的节奏。

前一段时间我碰到华锐风电的董事长韩俊良，他们在酒泉建设了规模不小的装备制造厂。我说2011年有反映说好多地方没有批，建设停滞下来，你的呢？他说我们还在生产，但是上半年全国确实有报备案2000多万千瓦，报到能源局一直没有往下发（后来发了一部分）。因此，企业需要办的一些后续手续，土地和环评等程序都停滞了，如果再不发就会影响设备制造。“天宫一号”发射时我到酒泉看了看风电，看到工业园区一片冷清，积压了280万千瓦做好的风机，可能积压了100多亿元以上的流动资金，利润比2010年下降了60%，这一现象应引起重视。

内蒙古窝电如何破解

王尔德：在2011年南方电荒时，内蒙古却存在窝电问题。

张国宝：我到锡林郭勒盟看了，确实有这个问题，那边的风机怎么不转？当地人说，原来的小变电站容量不够，等变电站弄好以后再发电。我到了蒙东的呼伦贝尔，那里的伊敏、宝日希勒、鄂温克电站都发电不足，下达计划不到4000小时。

跟我同去考察的内蒙古能源局同志介绍，到了冬季，这个问题特别突出。因为冬季供热的问题比较突出，首先要保证居民供暖，热电联供，要保证供暖，得让热电机组先开起来，优先让热电机组的电上网，然后有多余的空间才用其他发电方式，包括风电。

更深层次的问题是内蒙古电网与华北电网的联系不通畅，发了电送不出去。不通畅的原因有能摆在桌面上的，也有摆不到桌面上的，根本的问题还是体制问题。内蒙古电网比较特殊，它是属于地方政府管的电网，而不属于国家电网公司管的电网公司。在感情上，免不了有“亲儿子”、“干儿子”之分。

王尔德：内蒙古电网的问题就这么僵持着，无解？

张国宝：无解。那你说怎么改？要说有解，只有一个办法，把内蒙古电网划给国家电网。只有把内蒙古电网划给国家电网，或者在内蒙古电网当中国家电网持有较大的股份，这个问题才能解决。

如果这么做，外界肯定又有评价，说国家电网更加垄断了。但如果不这么做，就只能维持目前的僵局。

其实，内蒙古的情况在河北也存在。河北省内电网由于其特殊性，分为北网和南网两部分。其中，张家口、承德、秦皇岛、唐山、廊坊属于河北北网，它们和直辖市北京电网与天津电网统一归属于华北电力公司管辖。石家庄、保定、邢台、邯郸、衡水、沧州属于河北南网，归属于河北省电力公司管辖。这是历史形成的，一直没有很好地解决。

拆分电网无助于电网监管

王尔德：有观点认为，电力体制改革不彻底。您怎么看这种判断？

张国宝：全世界没有一个统一的电力体制模式。

法国到现在为止就一张网，而且厂网不分，发电公司和电网公司也是一家，就一个法国电力公司，法国电力公司是国有公司，比我们还要垄断。

日本是另外一种模式，分九个电网，相互连接但管理都是独立的。日本任何一个地方都没有煤炭，所以不存在像中国这样的跨区域能源交换问题，互相之间电力交换很少，都基本上在自己区域当中平衡。

世界上没有哪一个国家的电力体制改革是一样的，包括电监会这种机构。不是所有国家都有电监会，我们这套模式是借鉴英国模式。我们去考察英国厂网分开，他们有个电监会，所以我们也建立了电监会。而有的国家没有电监会，日本就没有，电力监管也归能源部门管。

王尔德：有观点认为电网太强大，所以电监会监督职责发挥不出来。将大电网拆分以后是不是监管起来相对容易一些？

张国宝：电力体制改革时，就一张网还是几张网进行过激烈的争论，最后的结果既不是一张网，也不是几张网，而是南北两个电网。不管怎么拆分，在某一个局部区域当中，或者某一个省的范围内还是一家电网公司，一个区域内不可能同时有几家电网公司，还是会面临自然垄断的问题。这就需要有监督部门，电监会成立的目的是监督，不能让电网在自然垄断的情况下搞垄断，否则成立电监会干什么？现在的问题是电监会有没有起到这个作用？靠拆分电网解决不了电网的自然垄断问题。

王尔德：电力改革的一个方向是主辅分离，有观点认为国家电网在分离辅业方面滞后。对此您怎么看？

张国宝：这真是不能怪国家电网，他们恨不得早把辅业这个包袱甩出去，但是谁来接这个盘子？国家电网继承了电力部的衣钵，凡是别人不要的都得留在电网公司，包括电力部的老干部、电力施工企业、维修企业、设计院。国家电网也感到是个包袱。过去，国家电网公司的领导找过我多少次，说赶紧分，但问题是怎么分，谁说了算。

国家电力体制改革工作小组成立于2002年3月，由当时的国家计委牵头，原国家经贸委、国家电力公司、中组部、中央企业工委、中编办、财政部、法制办、体改办，以及广东省等相关部门和单位组成，具体负责电力体制改革的实施工作。工作小组组长由当时的国家发改委主任马凯担任。这个机构最初设在国家发改委，2003年1月电监会成立后移交到电监会。现在主任还是张平，执行机构在电监会，实际上电监会也需要和国资委、发改委、能源局协商一致才行。

在经历多个部门的多次磨合后，目前国家已在（2011年）9月底确定了主辅分离方案。根据这个方案，电力勘察设计、水火电施工和电力修造企业与电网企业分离，河北、吉林、上海等14省（自治区、直辖市）辅业企业与中国水利水电建设集团公司、中国水电顾问集团公司重组为电力建设集团有限公司，北京、天津、山西等15个省（自治区、直辖市）辅业企业与中国葛洲坝集团公司、中国电力顾问集团公司重组为中国能源建设集团。

王尔德：既然电网拆分解决不了问题，恢复竞价上网会有效果？

张国宝：竞价上网不是没尝试过，而是都以失败而告终，因为许多地方电力还短缺。

浙江也竞过。在1998年，我还带人考察过，那是在亚洲金融危机经济最疲软的时候，浙江的电也有一点富余，在全国率先搞的竞价上网，后来电力紧张以后浙江率先取消了竞价上网。现在浙江已经多年不竞价了。

后来，电监会第一任副主席宋密在东北也抓过竞价上网试点，结果电力公司和地方政府有意见，也只好停了下来。

为什么会这样？因为这种竞价不是正规的竞价，竞价要有一个前提，即电力相对富余。而我国的电力本身处于一种紧缺状态，供不应求怎么竞价？像2011年这么大电荒，怎么竞价？

王尔德：2010年国家电网收购许继电气您为什么没有签字？

张国宝：我曾给国家电网公司说过我的理由。为什么非要把许继电气和平高电气收购？你收购了以后就算一碗水端平，别的企业也认为你没端平，会认为改革走回头路。后来是国网公司找国资委批的。这也从一个侧面说明了电力管理的“多龙治水”。

我是赞成上特高压的

王尔德：对于发展特高压电网，外界有很多争论。您怎么看待这些争论？

张国宝：我赞成发展特高压。我认为这是一种技术进步，它可以更好地满足中国能源分布不均衡格局下人们对能源的需求。

为什么要发展？2010年，我国发电装机容量已达9.62亿千瓦，是1978年的16.84倍，装机容量从世界第21位跃居到世界第2位；全社会的用电量到了4.19万亿千瓦时，比1978年增长16.78倍；220千伏以上输电线路长度达到44.3万公里，增长了19.1倍；变电容量20.8亿千伏安，增长了81.6倍。电力工业无论从量上还是质上，都发生了巨大的变化。什么叫量变到质变？这么大的变化，技术不变，电的数量可以无限增加，能这样吗？电都增加这么多了，电力系统难道不要变吗？

随着电网规模的迅速扩大和电压等级的不断升高，电网稳定破坏事故却日益减少。20世纪70年代电网稳定破坏事故年均9次，1981～1987年减少到年均6.7次，1987～1997年降到年均2次，1997年以来主网没有发生过稳定破坏事故，而同期北美、欧洲、日本和巴西都发生过大面积停电事故，中国的电网技术已经跻身国际先进水平。

据我了解，全国人大代表、政协委员当中有400多人提过发展特高压的提案。

外界对特高压输电线路，特别是有无必要把华北、华中和华东区域电网用特高压交流输电线路连成“三华”（即华北、华中、华东）同步电网持有异议，主要有两条意见：一是建设特高压同步电网，特别是“三华”同步电网，担心同步电网规模太大，系统发生严重故障引发跨网、存在造成大面积停电的安全隐患；二是既然特高压电网交流输电存在争议，能否跨区域输电只发展特高压直流输电。但这些议论多局限于感性看法上，在科学计算方面的论证不足。

对上述异议，国家能源专家咨询委员会到电力科学研究院进行了科学论证。电力科学研究院构建了三种方案：第一种是500千伏方案，即维持现有的500千伏电压网架，各大区域间以直流输电线路相连。第二种是“三华”特高压异步方案，即华北、华中以1000千伏交流相连，形成同步电网；华东电网与华中电网以直流相连，为异步区域电网。第三种是“三华”特高压同步方案，即用1000千伏特高压交流将华北、华中和华东三个区域电网连结成“三华”同步电网。

通过计算机模拟计算，与前两种方案相比，第三种方案减少了直流馈入，交直流协调发展，承受严重事故能力强。这一计算机模拟计算还获得了科技进步一等奖。没有人能找出这种计算机模拟计算并不科学的证据。不赞同搞“三华”电网的没有拿出计算依据，只是凭自己的感觉认为不安全。

随着我国电力装机容量越来越大，而我国资源禀赋又必然要进行跨区输电，“三华”特高压电网不是优和劣的选择问题，而是电网发展的必然选择，否则不能满足电网的稳定要求。

关于发展特高压，在科技中长期规划、“十二五”规划、国务院颁布的发展重大装备的文件中都有明确的表述。如果说专家的意见，搞电力系统的两院院士，如中科院的严陆光、清华大学的卢强、电科院的周孝信院士都赞成，没有电力系统的院士不赞成。

王尔德：除了安全性问题，人们也质疑特高压电网的经济性问题，认为

远距离输电的成本可能比输煤的成本还高。

张国宝：输电和输煤都是能源远距离输送的方式，要因地制宜、相辅相成、互为补充，不存在相互排斥的问题。电力部的老领导史大桢部长说，“远输煤、近输电”是电力部20世纪60年代提出来的，当时各大区电网都未相联，煤很廉价，运输也不像现在这么紧张，运价也很低，而输电线路当时只有220千伏，不适于长距离输电。但现在煤价、运价都有了很大提高，输电技术也有了很大进步，500千伏交直流甚至±800千伏直流、1000千伏交流已开始使用，远距离送电成为可能，经济性也在提高，所以“远输煤、近输电”的看法不是一成不变的。

东中部地区缺煤、缺电现象会长期存在，跨区域输电必须提上议程。目前，华东地区每吨煤价格已经超过1000元，通过全过程的输煤输电经济性比较，西部地区煤炭就地发电，特高压输送到东中部消费端，电价可以低于当地的平均上网电价。

同时，发展特高压输电技术，跨区域调剂，可以在更大电网内消纳那些稳定性差的清洁能源，如水电、风电和太阳能等清洁能源。

王尔德：如果建设特高压电网，在技术方面，我国能够自主吗？已经建成的项目效果如何？

张国宝：技术已经研发出来。我国不靠别人的技术而真正自主研发出来的只有少数几个，特高压算一个。苏联曾经发展过一个1140千伏的项目，但由于政治解体、经济下滑的原因废止了。当时他们的技术现在看起来非常老化，开关都是用机械式的开关，现在开关都是六氟化硫开关。我们的特高压技术已经被国际电力联盟吸纳为国际标准，巴西，甚至俄罗斯、美国已开始与我国洽商建设特高压输电线路。

2011年，世界上只有中国建设了±800千伏直流线路。一条是云广直流（西起云南楚州市，东至广东广州市），一条是向上直流（西起四川向家坝，东至上海奉贤），都运行得很好。在世博会之前，我带巴西能源部部长去看过向上直流项目，他原来根本不相信中国有这个技术，参观后他改变了看法。过去巴西想用±600千伏，他回去以后，巴西也准备要建从美山水电站到里约热内卢的±800千伏直流。

特高压交流项目也有两条，一条是晋东南到荆门1000千伏交流特高压试验示范工程，另一条是皖电东送1000千伏淮南到上海特高压交流输电示范工程项目。

能源消费总量控制是难题

王尔德：广受争议的能源消费总量控制是怎么提出来的？

张国宝：2010年在制定《中共中央关于制定国民经济和社会发展第十二个五年规划的建议》时，我是起草小组成员，在讨论过程中我提出，要不要有个指标，到“十二五”末我们能源生产多少、消费多少？

但是并未讨论出结果。为什么得不出结论？道理非常简单。到“十一五”末我国的一次能源消费总量已达到32.5亿吨，在“十一五”期间增加了8亿吨。如果“十二五”同比增长，就达到40亿吨。但是现在我们的煤炭产量已经占了全世界46%，再加8亿吨，那么全世界一半的煤都在中国。这样，中国减排的压力就更大了。

这样就提出了一个能源消费“门槛”的动议。但是，实际的经济发展和人对能源消耗的需求，仅靠一个指标也是难以控制的。所以在“十二五”规划中难以确定一个能源消费总量。

后来，又发生很多事情，比如福岛核电站危机，中东、北非乱局，南方电荒，能源问题进一步凸显出来。“能源总量控制指标”的说法又被提出，但具体是38亿还是40亿，还待进一步讨论。

王尔德：设置总量目标，能达到政策预期吗？

张国宝：不管目标最后定在多少，如何控制住是难题。如果控制不住，只不过出了一个数字而已，这种数字是导向性的还是约束性的？

实际上，“十一五”期间我们也提出了一个总量控制目标，但结果是总量的“天花板”早突破了，没有控制住。现在试图分解到各个省，也会面临一个问题，如果地方突破了怎么办？就算将这个目标定为约束性指标，有什么手段约束得住？都值得研究。

王尔德：有很多专家说，与其对能源消费进行控制，不如施行资源税改革，通过提高资源的价格这种经济手段来控制能源消费的增长更为有效。

张国宝：资源税也不能完成达成控制消费的目的。资源税改革的效果，第一是增加资源生产省的税收，第二把能源价格抬高。能源价格提高后，能不能把价格顺出去？如果不让顺出去，又会产生煤电矛盾。如果顺出去，最后又传导到价格上，通胀的问题怎么控制？

改良还是改革？任凭后人评说

王尔德：您在能源局任期内，有哪些想做而没能做的事？

张国宝：我在卸任的时候讲过，我们在人类历史长河当中只不过是很短的一段，以后还有很多事情有待去做，包括微观和宏观层面。比如，微观一点的事，新能源规划我在任时制定好了，但没有批，还需要完善；更宏观的方面是能源体制和能源定价机制改革。

王尔德：当时，很多人对能源局的第一期望就是进行能源价格和体制改革。

张国宝：我已经多次讲过，能源价格的职责不在能源局，而在物价部门；而体制改革，在发改委体改司。能源局在价格和体制方面，只是发表意见，不是决定机构。价格肯定是要改的，阻力也会很大。

比如某地方原来的水电价格是一毛五，远远低于火电价格。但地方物价局表示，不能水火同价，说这会拉动当地的物价上涨。

实际上这些都是表面的理由，如何平衡发电企业和电网企业的利益？如何体现清洁能源的价值？这些才是需要我们深层次思考的问题。

王尔德：外界评价您有两个观点，一个是改良，一个是改革，您觉得自己是改良还是改革？

张国宝：那就任凭后人评说吧。改革，不是我这个层面所能改得了的。我要说一下，“改良”这个词源于一个媒体报道。我在能源工作会上讲我是改良派，以后人云亦云、以讹传讹。我根本没讲过这样的话，能源工作会上有那么多人在场，也不乏录音的。在改革开放的大潮下，我是改革的实践者、亲历者。在国务院领导和发改委领导下，我是民航、通信、电力三个改革的具体起草人。

王尔德：在一个部门做事情，领导还是要有一些改革精神的吧？

张国宝：我同意你的观点，尤其在各种政府部门分割的情况下，改革是要有点精神，要有勇气的。

我在任上努力去做了，比如说上大压小，国家要求我压5000万千瓦，我都压了7600万千瓦了。还有农网改造，最后一期是我在卸任之前办的。本来我快要卸任，那天正好任命宣布晚了，所以还是我去汇报了农网二期改造，国务院批准把农村电网再普遍改造一遍，我为办了这件事而欣慰。

（本文载于《21世纪经济报道》2011年11月1日22版）

杨朝飞：

必须修改《大气污染防治法》，建议“按日计罚”

杨朝飞，中国环境科学学会副理事长、环保部原总工程师。

2013年1月28日起，中国中东部地区出现了大范围的雾霾天气，翌日全国灰霾面积达130万平方公里。长时间大范围雾霾天气已影响17个省（区、市），受影响人口达6亿。由此民间不断呼吁制定《空气清洁法案》，立法保护空气质量。

对此，中国环境科学学会副理事长、环保部原总工程师杨朝飞对本报记者表示，《大气污染防治法》的修改非常迫切，应推进修法进程，更好地捍卫我们健康呼吸的权利。

本报获悉，现行的《大气污染防治法》制定于1987年，并于1995年、2000年先后两次修订，目前正在进行第三次修订，环保部已经起草了一个修订稿草稿，并于2010年1月上报给有关部门。

“此次修法要重点解决三个问题：第一，解决环境违法成本低、守法成本高的问题，提高企业遵纪守法的自觉性；第二，解决资源低价和环境廉价的问题，启动市场化手段；第三，推动环境信息公开，鼓励公众参与。”杨朝飞对本报记者表示。

在杨朝飞看来，2013年1月全国大范围的雾霾事件，举世罕见，前所未有，这是对我们重经济轻环保发展思想的一次示警。“现在一提环保，很多官员的第一反应就是对经济发展不利，影响GDP的增长，以至于现在很多会议上不听取环保专家的意见。”

据杨朝飞介绍，前些年国家在制定一项汽车发展规划时，主张大力发展私人轿车。当时环保专家提出，发达国家大力发展私人轿车之后出现了严重的环境污染问题，我们也应注意环保问题。但是后来没有引起重视。现在汽车尾气问题严重之后，再去治理成本很高、代价也是很大的。“只有经济发展与环境政策相互协调之后，经济才能健康发展，环境状况也才能改善。”

治理大气污染不应靠运动

王尔德：制定中国版的清洁空气法案的呼吁声接连不断。您认为，为什么这次雾霾会如此严重？为什么修订《大气污染防治法》的呼声会这么高？

杨朝飞：大家都公认，2008年北京奥运会、2010年上海世博会和2011年广州亚运会三次大会期间，我们的空气质量都很好。它们所在的京津冀、长三角和珠三角区域，恰恰又是这次雾霾天气最严重的三个区域。为什么我们很快就遭遇了2013年年初这种世界罕见的、大范围的雾霾污染？这是我们需要深刻反思的问题。

北京奥运期间大气污染的确解决得非常好，在奥运结束后，我就曾提出要做好防止大气污染反弹的工作，但是没有引起重视。当时上下一致的观点就是我们要很好地总结奥运的经验，要把奥运的经验发扬起来。我觉得很担心。为什么？因为奥运期间的空气治理虽然成果显著，但仍然很脆弱。

回过头来看，奥运大气治理措施中有一些是治本的，比如说关闭污染企业、淘汰老旧汽车、北京的油品升级到国Ⅳ，对建筑工地的扬尘垃圾进行了严格的执法，以及对工业污染源的监督和城市绿化，等等。如果没有这些措施，2013年的大气污染会更加严重。但这只是问题的一个方面。

问题的另一个方面是，奥运期间（也包括后来的世博会和亚运会），我们采取了很多治标措施，那些治标措施在当时也发挥了很大作用。但是治标措施无法持续。比如说汽车单双号限行，开始是50%的车辆限行，现在是20%，这个措施肯定会反弹。再如，北京所有的建筑工地在2007年12月31日之前都结束施工，2008年1月1日之后不允许新的工地开工；北京很多燃煤的企业都停工了，北京周边包括河北、天津、内蒙古、山西等地的很多企业也都停产了。这些治标措施是不可能长久的。如果长久下去，老百姓和企业的生活、生产怎么办？

因此，尽管治标的措施在短期内发挥了重要作用，但是过高地估计了迅速改变大气环境取得的成绩，以为大气的污染治理就这么简单，采取几个治标措施就都解决了。

新一届政府提出，我们的经济发展要的是高质量的发展、没有水分的发展。我认为，我们的环保也应该是高质量的环保、没有水分的环保。治标措施多了，只能产生短期的虚假成效。我们现在到了一个重要历史关口，必须思考大气污染的治本措施到底是什么？我认为从国际经验来看，就是法治。民间有识之士也持相同看法，所以大家才四处呼吁修改大气法，完善中国的清洁空气法案。

建议修法“按日计罚”

王尔德：您认为，现行的《大气污染防治法》最主要的问题是什么？

杨朝飞：最大的问题是，违法成本低、守法成本高。违法成本低，意味着法律的权威没有了；守法成本高，大家都觉得守法不仅无利可图，而且还要为此付出代价，甚至失去市场，那就造成人人都不守法了。只有严格公正的法律，才能维护公平有序的市场经济。

为什么我国不少企业排污都不守法，关键还是我们的法律不严。所以我们现在提出的首要修法建议，就是要加大对环境违法的处罚，包括按日计罚、造成恶意排污的企业要重罚等措施。

同时，也有专家提出来要突出对违法个人的处罚。在企业环境违法方面，光对单位罚款不行，罚款数额不管定多高都有个上限，对小企业来说无法承受，而对大企业可能只是九牛一毛。几十亿、几百亿产值的大企业违法后罚它几十万、100多万是没用的。所以，现在提出来在对违法企业处罚的同时，也要对违法个人进行处罚。就是说，对违法的厂长、经理或者具体工作人员进行罚款，把对单位的处罚和对自然人的处罚相结合，希望以此来增强法律的约束力，谁违法谁要直接受到法律的制裁。

王尔德：根据人大公布的《环保法》的征求意见稿，您刚才提到的“按日计罚”在环保法修正案里被否决了，那在大气法里能不能再次出现呢？

杨朝飞：所谓“按日计罚”条款，在《环保法》修正案草案稿里面是这么规定的，对违反有关法律规定排污，受到环保主管部门处罚，并被责令改正或者限制改正，逾期不履行行政处罚决定，经警告仍不改正的，做出处罚决定的环保主管部门，在依法采取行政强制措施的同时，可以自责令改正或者限期治理之日起，至改正之日止，根据污染物排放总量和污染损害程度，每日处1万元以上10万元以下的罚款。

其实，最初在《水污染防治法》里我们就提出来要写入“按日计罚”，但是没有被采纳。一些人总是担心抓了环境保护就会影响经济增长、影响GDP的增长，污染点就污染点吧，正是在这样一种认识的主导下，造成企业的违法成本长期以来一直都很低廉。

现在雾霾如此严重，民众如此关切，建议修改《大气污染防治法》时，将“按日计罚”固定下来。

增加市场化治理手段

王尔德：有专家提出，在修订《大气污染防治法》的过程中，除了法律手段之外，也应增加一些市场手段。对此，您怎么看？

杨朝飞：我们现在回顾在奥运会、世博会、亚运会上所采取的措施中，既有行政和技术的措施，也有法治和经济的手段。事实证明，行政的手段是有局限的，出现反弹的也是这部分；而市场手段是很成功的。

要改善大气质量，解决资源低价和环境廉价的问题，必须用市场的手段去解决。简单地说，大气污染严重肯定与能源使用密切相关。也就是说，我们很多的能源价格是偏低的，包括煤炭和石油这些化石能源以及电力价格。由于能源价格相对偏低，消费者就可以放开使用，结果能源成本占企业生产成本的比重很小，容易造成能源的浪费，并带来环境的污染。而要解决这一问题，单靠行政手段是解决不了的。

现在有人提出来，要控制能源消耗总量。但是老百姓冬天要取暖，企业要生产。你不让企业使用，企业停工了，工人怎么办？所以我不赞成这种行政措施，必须提高能源的价格，逼迫企业采用节能技术。因此，尽快推进能源价格和税费改革，是治理大气污染的一个很重要的措施。

再如，提高油品，国五油品比国四油品的成本要高，大概每吨要提升150～200元。价格提升了，人们在开车方面就要考虑，我用油的量大了，开车成本提高了，能不能少开点车或者选择公共交通？而这种选择，就会减少汽车尾气排放，缓解空气污染压力。

再比如，淘汰老旧汽车。北京市过去也淘汰黄标车，一辆黄标车比国Ⅳ排放标准的汽车排污要大28倍，所以北京市开始淘汰，最初靠行政命令，结果成效不理想，后来北京市采取鼓励淘汰的政策，对淘汰的人给予补贴，拿着补贴的钱可以去买新车。这个政策出台之后很多车主就主动淘汰了自己的汽车，而且这一部分人淘汰之后没有反弹。上海近年来也开始淘汰黄标车，根据车的型号、好坏，一辆车平均补贴2万多元。这个政策出台之后，车主们就主动淘汰了自己的车。

所以我们现在应该多使用经济手段，包括绿色信贷、绿色保险、绿色证券、绿色贸易政策等，这些政策的使用对企业也好，对消费者也好，可以调整他们的行为。实际上这些年，咱们国家已经出台了一些比较好的政策，我们能不能在大气法中把这些政策吸收进去，引导各地在解决大气污染时用那些经济手段，其中针对一些污染企业建立淘汰退出机制，都是至关重要的。

需要解释的是，所谓退出机制，就是说一个企业有合法执照，是政府过去批准的，现在它污染很重，从经济上来讲治理又很不合算，那么怎么办？政府可以给予补贴，第一是给予经济补贴，第二可以鼓励转产，转到一些污染比较轻的产业或者鼓励进入工业园区，在土地和用电等方面给予优惠政策。

鼓励信息公开和民众参与

王尔德：PM2.5的监测和治理进程之所以会这么快，并引发这么大的关注，在很大程度上是与公众的参与分不开的。

杨朝飞：2013年年初热议的山东潍坊事件就是由信息不公开引起的。现在环保部门两头受压，一方面是来自企业的压力，企业的理由是，你让我停产了，职工就业怎么办？另一方面，是来自当地政府的压力，政府从发展经济的角度考虑税收、GDP，很多情况下要牺牲环境。所以环保现在执法也很难。

因此，解决环境问题，一定要信息公开，要让公众参与，相信群众的智慧和力量。信息公开既包括政府信息公开，也包括企业信息公开。企业的排污要告诉社会，特别是要让企业周边的居民了解，而且群众可以去你工厂了解企业设施运转情况，你对污染处理采取了哪些措施，你的污染今后怎么去一步一步治理。群众只有了解你，才能理解你，但是现在不少企业和群众尖锐对立，而破解整个难题就是要信息公开，让企业主动接受老百姓的检查监督。

在信息公开之外，社会参与也很重要。政府并不是万能的，而老百姓都觉得有了问题就找政府，但其实真正改革的方向是小政府、大社会。政府现在是管得太多，也管不过来，很多事情原来可以交给社会，能由社会组织解决的就由社会组织解决。近年来，非政府组织（NGO）对环境的治理推动很大，《大气污染防治法》的修改，也应设计相应条款鼓励社会参与。

王尔德：相较于2000年的《大气污染防治法》，此次修法的一个重要历史背景是，大气污染已经由传统的单个城市的煤烟型污染变成更为复杂的区域性和复合型污染。《重点区域大气污染防治规划》中提出要改变过去单打独斗的局面，而必须进行联防联控。那么您认为，在修法的过程中，应如何

设计联防联控制度？

杨朝飞：区域联防联控的制度将来要细化，比如说区域所覆盖省市的经济发展规划和环保规划如何协调，环境目标和法制手段如何协调。北京现在用国V的油品，你光自己用是不起作用的，北京的车跑到河北加油回来怎么办？外地的车进北京也会有污染。这就是说，既然是区域治理了，华北地区要尽快整体联合起来，都用国V的油，这样一来，跑出去加油的人就少了，外地车的污染问题也解决了。

我们必须探索区域合作机制。在欧洲，解决区域性的环境问题，有许多好的经验。如莱茵河、多瑙河流域治理，必须使同一区域内的城市达成协议，然后执行，并相互监督。如果协议不能履行，或者设定的目标无法实现，其他关联城市就会从道义上批评你，同时也说明政府是不称职的，严重的话，变成政府没有诚信的问题，还会导致丢失选票。欧洲的经验值得我们借鉴。

（本文载于《21世纪经济报道》2013年3月5日17版）

骆建华：
2040年中国生态可能实现良性循环

骆建华，全国工商联环境服务业商会秘书长、原全国人大环资委研究室办公室副主任。

“改革开放三十多年来，中国经济高歌猛进，以年均9.9%的速度增长，从一个贫困落后的低收入国家跨入中等收入国家，完成了惊人的一跳。另一方面，中国环境状况每况愈下，尚未摆脱西方国家先污染后治理的藩篱，伴随着经济高增长，呈现出高污染，重蹈了当年发达国家的覆辙。”全国工商联环境服务业商会秘书长、原全国人大环资委研究室办公室副主任骆建华如是说。

骆建华认为，中国未来需要完成三个阶段性任务，才能真正跨入生态文明的门槛，从而实现美丽中国的愿景：2020年，跨越污染排放拐点，实现污染物排放负增长；2030年，跨越环境恶化拐点，实现环境质量全面好转；2040年，跨越生态退化拐点，实现生态系统的良性循环。未来中国大气质量真正好转，至少还需要二十年。

中国所面临的环境挑战前所未有

王尔德：2013年年初以来的雾霾等问题，让很多人反思中国环境的整体质量状况。你如何看待我国现在的环境形势？

骆建华：从环境与经济的角度来看，中国生态环境承受了三次比较严重的冲击波：第一次是发轫于20世纪80年代的乡镇企业异军突起；第二次是1992年开始的新一轮经济高速增长；第三次是2002年下半年开始的新一轮重化工业急剧扩张。这三次冲击波一次比一次迅猛，一次比一次强烈，并相互叠加，终于使中国环境污染走到了一个严峻的地步。

具体来说，中国传统污染问题尚未得到有效解决，常规污染物排放量仍然居高不下，在世界各国中居于首位，其对环境的压力不断加大。中国新的污染问题接踵而至，新污染物排放量同样巨大，并与常规污染物产生叠加效应，形成复合型污染，对环境雪上加霜。中国环境恶化的趋势尚未得到有效遏制，污染物排放拐点以及环境质量拐点均未出现，少数几项污染物排放指标下降并不意味着环境状况开始好转。中国现阶段环境污染问题十分严重。

王尔德：中共“十八大”提出建设美丽中国的愿景，这将促使各地积极建设生态文明。你对未来中国的环境形势有何预期？

骆建华：从欧美和日本等先行工业化国家经验看，改善环境质量，首先须实施污染物总量控制制度，实现污染物排放量有计划、分阶段减少，为环境质量的最终改善打下基础。考虑到2010～2020年，中国经济可能从高速增长期进入到中速增长期，人均资源消费量比如人均钢材、人均水泥消费量陆续与经济增长脱钩，重化工业扩张势头有所遏制，产业结构调整和淘汰落后产能的步伐将加快。加之环境标准加严，环境执法力度加大，企业治理污染的投入会进一步加大，同时公众对环境质量要求越来越高，促使各级政府将进一步强化环保公共服务职能。

综合考虑以上有利因素，预计2020年前后，中国主要污染物排放将会陆续达到峰值点，污染排放全面下降的时代将会到来，从而实现污染控制第一个战略目标。

各类污染物排放总量如能陆续得到控制，接下来的问题自然是，环境中的污染物浓度如何下降，也就是中国环境质量何时出现好转。我们认为中国城市空气质量真正好转，并达到欧美国家空气质量标准（PM10年均浓度40 $\mu g/m^3$～50 $\mu g/m^3$），还需要20年。

理由是，今后20年如果中国没有陷入“中等收入陷阱”，经济能够保持中速增长，人均GDP年增速假定为3.39%（取1978～2010年中国人均GDP增速6.78%的1/2），则2030年中国人均GDP可达到1.4万美元左右（1990年美元，PPP），PM10年均值刚好在欧美标准之内。到2030年，中国江河湖泊治理也经历了将近35年的历程，根据英国泰晤士河和日本琵琶湖的治理经验，江河湖泊污染治理大致需要30～40年，由此可见，我们有信心在2030年将中国江河湖泊污染治理成功。故此，可以说中国到2030年环境质量将步入全面好转时期。

2030年中国环境污染得到全面控制，环境状况开始全面好转，为改善生态系统打下了坚实基础。考虑到生态系统恢复的艰巨性和复杂性，其治理难度要高于污染治理，我们预计2040年中国生态系统将有可能实现良性循环。

提出污染物总量减排时间表

王尔德：您刚才提到，预计2030年中国城市空气质量将达到欧美国家空气质量标准。这一时间表是如何估算出来的？

骆建华：欧美国家基本上在1970～1990年这20年间控制SO_2、NO_x等常规大气污染物排放，1990～2010年这20年间控制PM10和PM2.5等污染物排放，取得了明显效果，空气质量有了明显改善。

与欧美国家相比，中国目前的发展阶段与其不同，因而污染控制能力还相对薄弱，加之产业结构偏于重化工和制造业，致使环境质量较差。

目前，中国人均GDP按汇率计算刚刚超过5000美元，按PPP计算，也刚刚达到8000多美元，相当于美国20世纪50年代初期、西欧20世纪60年代初期和日本20世纪70年代初期水平。

根据世界卫生组织公布的2009年91个国家PM10年均值数据，并根据世界经济史权威专家麦迪逊网站公布的2008年世界各国人均GDP数据，我们做出了PM10年均浓度与人均GDP之间的关系图。该图显示，达到欧盟PM10年均浓度40 $\mu g/m^3$标准的国家，人均GDP一般在1万～1.5万美元（1990年美元，PPP）之间。

因此，我们认为中国城市空气质量真正好转，并达到欧美国家空气质量标准（PM10年均浓度40 $\mu g/m^3$～50 $\mu g/m^3$），还需要20年。

王尔德：实施污染物排放总量控制，是遏制环境污染的根本性措施。您对国家未来的环境减排战略有何思考？

骆建华：2015年国家在制定“十三五”环保规划时，应通盘考虑主要污染物减排时间表，根据经济发展水平、产业结构演变趋势、各类污染物环境影响程度以及减排技术条件，分阶段、分步骤地实施主要污染物减排。

建议减排时间表为：2005年，SO_2、COD（已实施）；2010年，NO_x、NH_3-N（已实施）；2015年，PM10、CO、VOCs、NH_3、大气Hg、TP、TN；2020年，PM2.5。

具体减排量以2010年为统一基准年，排放量为全口径统计，包括工业源、生活源、农业源和集中式。建议到2020年，与2010年相比，各主要污染物减排幅度：SO_2、NO_x、COD、NH_3-N四个指标减排20%，PM10、CO、VOCs、大气Hg、TP、TN六个指标减排10%左右。到2030年，与2010年相比，各主要污染物减排幅度：SO_2、NO_x、COD、NH_3-N四个指标减排45%，PM10、CO、VOCs、PM2.5、大气Hg、TP、TN七个指标减排30%左右。

王尔德：实现上述减排目标，意味着环保投入的增加。那么，您预计到2020年实现污染物排放全面下降的目标，将需要多大的投入？

骆建华：过去10年环保投入占GDP比重在1%～2%之间，有效抑制了环境污染急剧蔓延，SO_2和COD排放量有所下降，但其他主要污染物排放量仍呈增长之势，环境总体恶化的势头尚未得到根本遏制。这说明，现有环保投入幅度还不足以遏制环境污染。今后10年，若控制环境污染，改善环境质量，环保投入占GDP比重应提高到2%～3%，10年之内大致需要投入10万亿元。

王尔德：这么大的投入，资金主要从哪里来？

骆建华：第一，加大政府环保投入。建议未来10年，中央和地方政府环保投资每年应达到2000亿元，10年累计投资2万亿元用于环境设施建设和运行。其主要来源：城市维护建设税，城市公用事业附加，市政公用设施配套费，水资源费，污水处理费，垃圾处理费以及排污费，等等。政府环保投入来源除以上已有渠道外，建议每年从新增财政收入和土地出让金中切出一定比例，用于污染治理和环境建设。

第二，加大企业环保投资力度。主要是两类企业：一类是排污型企业，2011年环保投资达到2556亿元，在环境污染治理投资总额中占到42%。就工业治污投资占固定资产投资比重来看，2000～2002年达到投资高峰，其比例高达10%～11%以上，接近日本1973～1976年的企业投资水平，但其后一直保持在2%～3%。根据美日两国经验，企业治污投资占总投资比重一般在5%～7%。可见中国企业治污投资还有较大的提升空间。另一类是环保型企业，在2002年公用事业实行市场化改革后，这类企业投资明显增加，特别是民营企业、外资企业、国有上市公司，已成为城市环境基础设施建设中的一支重要力量。

第三，加大银行绿色信贷力度。银行应实施环境优先的贷款体系，发挥环保融资的主渠道作用，积极实施“赤道原则”，将环境政策审查作为信贷审查的重要内容和前置条件，增加贷款项目环境绩效考核，优先支持环境绩效好的贷款项目。对于污染防治项目，借鉴国外经验，适当放宽贷款期限、实行贷款浮动利率等优惠政策。同时，进一步落实收费权质押等项政策，为污染治理融资提供更多的创新金融产品。

（本文载于《21世纪经济报道》2013年3月5日17版）

第四章

道与术

刘民权：
未来十年应以公平促发展

刘民权，教授，牛津大学经济学博士。北京大学经济与人类发展研究中心主任、北京大学经济学院环境资源与发展经济学系主任。

中国经济改革已经到了一个关键节点。

在刘民权看来，中国在未来十年及其以后的发展中，应更加重视公平的问题，尽快改善收入分配和提高社会保障，唯有如此，才能实现从出口型经济向内需型经济的转型，实现经济与社会的可持续发展。

公平与发展并不对立

王尔德：在当前关于改革的讨论中，公平与发展的关系是争论的焦点之一。您如何看待二者的关系？

刘民权：这就涉及发展的目的是什么的问题。第一个提出这个问题并加以深入研究的人就是1998年诺贝尔奖获得者阿马蒂亚·森。他于20世纪80年代中后期就开始提出这个问题。他的观点是：发展的目的是使人们更有能力去追求他们认为是有价值的生活。政府需要做的也就是使人们更有能力去这么做。那什么是允许人们去追求他们认为是有价值的生活的最重要的能力呢？森的回答是：健康、长寿、有知识、体面的生活。道理很简单：只有健康长寿了，我们才有可能去追求生活；只有有知识了，我们才可能知道应去追求什么样的生活和怎样去追求它；也只有能体面地参与公共和社会生活了，我们才有可能去真正追求我们想过上的生活。

不少人将公平与发展对立起来。我认为，在中国，两者未必是对立的，而应该是相辅相成的。

王尔德：您如何评价三十年来经济发展和公平状况？

刘民权：在过去三十多年中，世界经济的平均增长率是2.98%，而我国保持了9.9%的平均增长率。我国实现了与其过去的纪录相比以及与大部分国家（发展中或发达国家）的纪录相比都属史无前例的经济增长。

但我们也必须看到，伴随着经济的快速增长，我国的公平纪录却不那么乐观。我所说的公平在经济上的一个重要方面，即收入分配。

大国效应及其影响

王尔德：与其他后发国家不同，中国从人口和空间上而言，是一个典型的大国。那么中国的经济规模对中国的经济发展和公平产生了哪些影响？

刘民权：中国经济的巨大规模对其经济发展和公平既有正面的影响，也有负面的作用。对中国这样的一个大国而言，在追求出口导向和外资促进型发展战略时，会遇到一个相对较小的经济体所不太可能遇到的制约和限制。

巨大的经济规模意味着一个巨大的市场和一支庞大的剩余劳动力队伍（尤其是，如前所述，他们大多受到了一定的教育和掌握了一定的技术，或有迅速掌握一定技术的能力），而这两者是吸引大量外资进入我国的重要原因。所以，可以说，巨大的经济规模促进了我国经济的迅速发展。

这种外资促进型发展战略对一个大国和一个小国的贫困、收入分配及经济增长轨迹的影响也大不一样。一个大国将需要更长时间来通过这一战略将其农村剩余劳动力吸纳进生产效率更高的工业和服务部门。而根据假说（实践也证明这基本正确），在他们被转移之前，这些农村剩余劳动力的境况会较差，可能仅生活在温饱线上。如果一个大国需要更多的时间来吸收其农村剩余劳动力进入其他部门，那么生活在一个大国的这些人将比生活在一个小国在贫困中停留更长的时间。

从对收入分配的影响来看，随着一个国家把剩余劳动力从农业吸收进其他高生产率和高收入部门，该国的收入分配将先趋恶化，然后得到改善（也即所谓的“库兹涅茨假说”）。假定其他条件相同，对于一个大国来说，与一个小国相比，这一过程将会更为漫长，而且不平等恶化的程度会更高（其最高可能达到的程度）。

关于库兹涅茨假说，学术界常有争议，但只要我们设想一个从全社会基本贫困到全社会基本高收入的发展过程，先有一部分人“富”起来，然后逐步地有其他人乃至所有人都“富”起来，就会发现，库兹涅茨所说的趋势是存在的。

具体到中国而言，尽管有了三十年的出口、外资以及整个经济的高速增长，我国的“剩余劳动力”大军以及与之相关的贫困还远未消失。

相反，对于一个小经济体，相似水平（绝对数量）的出口扩张和外资流入也许早已吸收了其所有的剩余劳动力，消除了相关的贫困，大幅度地提高了工人的工资，并促使整个国家走上高收入和高收入分配平等的道路。

发展应与公平并进

王尔德：就未来中国十年的经济改革而言，您认为应该如何处理发展与公平的关系？

刘民权：由于我国的经济规模，我们事实上需要走出一条全新的可持续经济发展道路，同时也需避免过度的收入分配差距。

特别是，由于我国的经济规模，出口和外资促进型发展战略存在严重的局限。也许其他较小的经济体可以遵循一种“先增长后公平”的发展战略，即在它们的剩余劳动力差不多都通过出口扩张和外资引进而被吸纳进新的经济部门之后，才采取政策来应对收入分配和公平问题；而对于中国这样一个大国而言，这绝不是一个选择。

与其他先前成功但规模较小的新兴工业经济体相比，中国更需要依靠拉动内需来获得经济的持续增长。这也意味着，在其发展过程的早期或中期，我们就必须同时应对收入分配，或更一般地说，社会公平问题。因为，除了其本身的重要性以外，收入分配也对扩大内需有重要的影响。因此，我认为，中国未来十年，应实施以公平促发展战略，实现经济发展与公平的并进。

王尔德：那么，就未来中长期的收入分配改革而言，您有哪些政策建议？

刘民权：我认为，应当提高低收入者的工资，增加家庭的可支配收入，并扩大一些社会保障项目的覆盖率和提高其保障程度。但是，许多人仍对实施这两条措施存在顾虑。

首先，不少人担心工资上升会降低企业的竞争力，从而影响出口和外资流入。这种担心不无道理。但是，也必须认识到，继续依赖目前的出口扩张战略的结果很可能是，继续扩大我国的低技术和低价值含量产品的出口，而这并不有利于实现我国短期和长期的利益。而且，在短期，这样的战略很有可能进一步压低出口价格。从长期来看，它甚至会导致国家“陷入”依赖廉价和低技术含量产品出口的陷阱，也即所谓的“中等收入陷阱”。

其次，不少人对扩大社会保障的范围和增加其深度存在疑虑。应该说，需要增加社会保障这一点已经得到广泛认同，但是，迄今为止政府尚未有重大行动。在这些过分谨慎的背后，实际上是不少决策者似乎只看到了相关转移支付所可能造成的负面影响。这些负面影响的确在一些国家（如一些拉美国家）一度猖獗过，但转移支付的正面作用也不能被忽视或低估。

就其经济作用来说，社会保障最重要的正面作用当是其对人力资本积累的影响。对于一个旨在发展、实现现代化，并赶上当今发达国家的国家而言，没有什么比人力资本积累更重要的。没有人力资本积累，就不可能不失时机地去掌握和应用已有的技术，以及加入到现有的全球或地区生产网络中去，更不用提技术模仿和革新，以及最终实现自行创新和进入价值链中真正的高附加价值部分。中国1978年以前的人力资本积累使得我国在这一长期的过程中完成了第一阶段的转变（学习和掌握已有的技术，并加入到国际生产网络中去）。中国现在似乎已经进入这个过程的第二阶段，即模仿和革新。但是要成功进入第三阶段，即实现自主创新和进入价值链中真正的高附加值部分，还需要比我们已有的多得多的人力资本，这也就意味着需要对教育、培训和其他知识与技能的传授方式进行更多的投资。也许，它还意味着需要对现有的正式和非正式的教育培训体系进行重要的制度调整。

（本文由王尔德与李二民合写，载于《21世纪经济报道》2012年12月31日8版。收录本书时已经得到李二民授权。）

马丁·雅克：
历史发展不存在“看得见的手”

马丁·雅克，伦敦经济学院LSE亚洲研究中心IDEAS（该中心主要从事区域研究、国际事务研究、发展研究、外交和宏伟战略研究等）的高级客座研究员，《当中国统治世界》的作者。

中国选择在经济上先行是对的

王尔德：你对中国的兴趣和研究始于1993年，那么此前您头脑中的中国是什么样的？

马丁·雅克（以下简称马丁）：坦率地说，在1993年之前，我对中国不感兴趣，也不了解。在学生时代，我对毛泽东和“文化大革命”了解得比较多，感觉想要理解20世纪70年代中国发生的事情非常困难。在20世纪80年代，苏联在政治和文化上对英国的影响要大于中国。当中国开始经济改革时，我认为中国应该先从政治上入手，现在看来我的想法错了，中国选择在经济上先行是对的。

王尔德：您对中国的认知，主要来源于哪里？

马丁：我在1993年来东亚度假时，很兴奋，被当时的见闻深深吸引，自此对亚洲产生了很大兴趣。我意识到，我要好好地了解亚洲了。当时并没有写书的计划，只是随着对东亚了解的深入，我对中国的兴趣越来越浓。当时，我就像一个饥肠辘辘的人，有点饥不择食，只是努力想方设法地去了解中国，并没有十分明确的规划。

在这个过程中，我的妻子哈里（Hari）对我帮助很大。哈里是一个印尼裔的马来西亚人，她能说一些粤语和一些普通话。尽管，她不像我那么渴望了解中国，但她帮助我打开了一个通往新世界的门。至于说，她有没有纠正我之前对亚洲或中国的一些偏见，我觉得没有，因为我之前对亚洲不够了解，还未形成偏见。1998年，我和妻子定居中国香港地区，中国在亚洲金融危机中受到很小影响，依然保持强劲增长，这对我触动很大。

王尔德：在1997年亚洲金融危机爆发时，您如何看待20世纪90年代中国启动的市场化改革？

马丁：当时很流行新自由主义思潮，认为私有制会在全球占据主导地位。历史证明这种主张错了。20世纪80年代的撒切尔夫人是一个新自由主义的代表人物，她坚信市场，反对政府干预。她拒绝乘火车旅行，因为英国的铁路是公有的。我起初认为，当时中国的市场化改革，会类似于20世纪80年代撒切尔夫人的做法和苏联解体后叶利钦的做法。后来发现，中国的市场化不同于西方的私有化，是一种有限的私有化，直到今天，中国还有那么多强大的国有企业，政府在中国经济中还扮演着重要角色。

王尔德：从1998年您着手写这本书，到2009年最后成书，中间经历诸多变故，您对中国未来趋势的看法有哪些重大变化？毕竟1998年的中国和2008年的中国变化非常大。

马丁：在20世纪90年代，我认为当时的中国，会像20世纪80年代的“亚洲四小龙”和90年代的“亚洲四小虎”一样，不过它的规模比较大，影响会更大一些，这种看法一直保持到亚洲金融危机期间；21世纪的第一个十年，我发现中国的崛起会产生世界级的影响，从经济到政治、文化等多个方面，这是20世纪80年代的“亚洲四小龙”和90年代的“亚洲四小虎”无法比拟的。这是我对中国认识的最大变化。

中国未来发展需解决分配公平问题

王尔德：你立论的基础在于中国经济的崛起，你对中国经济的信心主要来自哪里？

马丁：中国经济肯定会保持增长，接下来的疑问在于增长的速度，以及能否一如既往地高速增长。我对中国经济的确信来自于过去高速增长的基础，也就是马克思所说的资本的原始积累，还没有耗尽。因此，在未来的10～15年内，中国经济还有很大的增长空间。

王尔德：您如何评价中国经济未来发展面临的不确定性？

马丁：我认为，我们在关注经济发展速度的同时，更应该关心经济增长的质量，如果社会中的大多数人认为，经济增长的成果不是以一种平等的方式分配的，那么这就会带来政治上的麻烦。能否解决公平问题和保持政治稳定，这可能是中国经济未来发展面临的最大不确定性。

王尔德：中国内地与中国香港地区和中国台湾地区的现代型经验有所不同，您认为中国内地可以从香港和台湾借鉴些什么？

马丁：的确，中国香港地区和台湾地区的经济走在中国内地前面，它们由于自身的特殊历史背景，展现了一种完全不同于内地的现代性经验，换句话说，中国的现代化经验是有不同层次的。现在有一种说法，自1978年以来的改革是一种香港化的过程，我认为这种说法有些幼稚，它夸大了香港之于内地的重要性。中国台湾地区相对中国内地来说，面积很小，它花了二十多年时间实现了经济腾飞和现代化，中国内地要实现这一点，需要更长的时间。的确，中国香港地区和台湾地区在中国内地的改革之初，为中国内地提供了不少的专业知识。但随着中国的逐步发展，它们的经验之于中国内地已经不再像当初那么重要。

中国的软实力还很有限

王尔德：这是一本借经济谈文化的书。那么，您认为经济和文化是一种什么关系？经济上的崛起是否一定意味着文化上的崛起？

马丁：我同意保罗·肯尼迪在《大国的兴衰》中的观点—— 一个国家行使全球文化影响力的前提就是它的经济实力。这也和马克思说的“经济基础决定上层建筑”有暗合之处。

随着一个国家在经济上的力量越来越强大，势必会对其他国家在政治和文化上产生影响。这种影响的产生可能是通过武力来实现的，如美国在“二战”后，强迫日本了解美国文化。但当这个国家强大到一定程度时，会主动输出其价值观，扩大它在全球的影响力。其他国家会自然而然地对这个国家感兴趣，想学习他们的经验，获得一些启示。

王尔德：中国的软实力支持中国的崛起这一论点吗？

马丁：所谓软实力，就是一个国家通过非军事的手段对其他国家施加的影响。中国还是一个发展中国家，它的软实力还很有限。中国文明比较复杂，西方对中国的了解非常有限，虽然现在越来越多的西方人意识到中国越来越重要，他们也想了解中国，也开始让孩子学习汉语，了解中国文化，但从一个大国的软实力角度来看，这种形式还很初级。

中国的软实力，我认为，在未来可能会表现在两个方面：第一，中国国家的现代性经验对其他发展中国家会有哪些启发，中国以什么方式为非洲和拉美的发展提供帮助；第二，中国如何为世界提供一种不同于美国的意识形态框架，中国没有加入“华盛顿共识”，中国非常强调国家之于经济的重要性，人们感兴趣的是，中国在未来如何定义国家角色及其作用。

王尔德：您认为，中国创造了一种不同于西方的“现代性”，无论是西方的“现代性”，还是中国的“现代性”，人类始终都要发展现代性。那么，“现代性”本身是人类发展的一个命定的历史方向吗？

马丁：我们可以清晰地看到，现代性是人类历史发展的一个动力。第一个阶段，是自18世纪80年代到20世纪40年代，先是欧洲，然后是美国和日本建立现代化；第二个阶段，是在“二战”后，“亚洲四小龙”开始现代化；第三个阶段，是包括中国、印度、巴西这样的国家进入现代化进程。尽管西方出现了很多关于现代性的理论，但我们看到，在最近两百多年的历史中，越来越多的国家和人口卷入了现代性。虽然历史发展不存在“看得见的手”，但一些宏观的东西，比如高盛对2050年世界上主要国家的经济发展水平排名，我们还是能够预测的，但对于未来世界究竟会怎样，我们难以获知。

（本文载于《21世纪经济报道》2010年10月1日24版）

黄群慧：
应对国企分三类进行改革治理

黄群慧，中国社科院工业经济研究所党委书记、副所长、研究员、博士生导师，兼任中国企业管理研究会常务副理事长，中国社会科学院管理科学研究中心副主任。

“虽然国有企业改革与发展已经取得了巨大成就，但近年来深化国企改革的呼声一直很高，关于国企改革的争论从未平息过。”中国社科院工业经济研究所党委书记、副所长，国家社科基金重大项目《深入推进国有经济战略性调整研究》首席专家黄群慧研究员对笔者分析。

黄群慧认为，未来国有企业改革的主要目标，绝不是通过国有企业私有化、民营化最终消灭国有企业，也不是仅仅围绕国有资产保值增值建立激励机制以追求国有资产自身发展壮大，而是如何建立有效的制度基础保证国有经济追求“国家使命导向”的发展。

在他看来，当下的国有企业改革只停留在对国有经济的功能定位的整体认识阶段，而还没有细化到基于国有经济功能定位而对每家国有企业的使命进行界定，进而推进国有经济战略性重组的具体操作阶段，这难以实现不断增强国有经济活力、控制力和影响力的目标。

因此，黄群慧建议，将115家央企区分出公共政策性、特定功能性和一般商业性三类进行改革，为它们分别构造不同的治理机制。

“盈利性使命”与“公共政策性使命”冲突

王尔德：近年来，关于国有企业的效率以及是否存在“国进民退”问题，舆论争议很大，甚至出现截然相反的观点，究其根源，还在于大家如何看待国有企业的定位。您认为，从国有企业定位的角度来看，为什么会出现上述争论？

黄群慧：谈国有企业的定位，首先需要谈国有经济的功能。我们认为，经过多年的摸索，我国国有经济的功能被定位为弥补市场缺陷、巩固社会主义制度的经济基础和发挥在国民经济中的主导作用，十五届四中全会《决定》指出：“国有经济要控制的行业和领域主要包括：涉及国家安全行业、自然垄断行业、重要公共产品和服务行业以及支柱产业和高新技术产业中的重要骨干企业。”国有经济的这种整体定位，是十分科学的，既满足了市场经济的共性要求，又满足了社会主义市场经济体制的特性要求。

但是，对于每个具体的国有企业而言，上述整体功能定位会造成具体国有企业在生产经营中面临“盈利性使命”与“公共政策性使命”的诉求冲突。一方面，国有企业要通过追求盈利性来保证自己的不断发展壮大，从而实现主导地位。为此，国有企业就有动机寻求一切机会盈利，包括利用行政资源获取垄断地位、限制其他企业的进入，或者快速扩张、进入利润率高而非关国计民生的行业，等等。同时，国有企业人员还有理由追求市场化高水平的薪酬待遇。另一方面，国有企业要弥补市场缺陷、服务公共目标，这可能会要求牺牲盈利。这会使得国有企业陷入赚钱和不赚钱两难的尴尬境界：不赚钱，无法完成国有资产保值增值、壮大国有经济的目标；赚了钱，又被指责损害了市场公平和效率。

企业运行的逻辑是使命决定战略。实际上，正是由于国有企业使命存在矛盾，这些年国有企业行为出现偏差，一方面，在传统制造业中过量的国有资本不断制造新的过剩产能，形成对非公资本的挤出；另一方面，在关系国民经济命脉、改善民生、国家长远发展的重要领域中，国有资本的作用没有充分发挥。

王尔德：换句话说，国有企业存在“国家使命冲突”，是导致现阶段国有企业众多问题的深层次原因。

黄群慧：我国国有企业改革目前只停留在对国有经济的功能定位的整体认识阶段，还没有细化到基于国有经济功能定位而对每家国有企业的使命进行界定，进而推进国有经济战略性重组的具体操作阶段，这难以实现不断增强国有经济活力、控制力和影响力的目标。

为破解上述国有企业使命“整体与个体”的矛盾，应突破那种将国有企业看作“铁板一块”的认知观念，引入分类治理的工作思路，根据企业使命、定位和目标的不同，确定差异化的国有企业治理思路，并据此思路，改革现行的国有资产管理体制，增强改革的动力。我们认为，新时期国有企业改革的基本思路应该是“精细化分类改革”，我国国有企业改革与发展应该进入“分类改革与治理”的新时期。

将115家央企分为三类监管

王尔德：这就是说，我们必须给国有企业具体明确的使命定位。这要求具体对国有企业进行分类，不同类型的企业应该承担国有经济的不同的功能定位。

黄群慧：具体来说，可以将国有企业分为三个大类。第一类是“公共政策性企业”，这类企业是国家保证实现社会公众利益的一种手段和工具，其“国家使命”定位是弥补市场缺陷、以是否完成国家赋予的具体政策目标为核心考核指标的“公共政策”导向。这类企业数量有限，却是未来国资管理的重中之重。第二类是“一般商业性企业”，也就是人们常说的竞争性国有企业，其“国家使命”定位是以国有资产保值增值为核心考核指标的“市场盈利”导向。量多面广的国有中小企业和产业竞争度高的国有大中型企业，都属于这类企业。这类企业完全是营利性企业，处于竞争性行业，与一般商业企业一样，其生存和发展，完全取决于市场竞争。第三类是“特定功能性企业”，这是具有混合特征的国有企业，既非纯粹的一般商业性企业，也非典型的公共政策性企业。其“国家使命”定位是巩固社会主义基本经济制度和发挥在国民经济中的主导作用，包括“走出去”、促进经济发展方式转变、保证国家经济安全和主导经济命脉等具体功能，而这些功能的实现要求以企业自身发展和经营活动盈利为基础。这类企业有一定数量，且其具体情况千差万别。

王尔德：具体到国资委管理的115家国有中央企业，您认为如何对其分类？

黄群慧：现在国资委管理了115家央企，未来改革的思路是按照上述国有经济功能定位的要求，对这115家央企逐一明确其存在对国家的意义、必要性和法律基础，结合其发展现状，具体界定每家中央国有企业的使命，进而基于其使命定位进行分类改革与治理。我们课题组针对115家中央企业的情况，提出了初步的分类建议：首先，“公共政策性企业”有5家，其数量占全部中央企业数量的比重约为4%，包括中国国新、中储粮总公司和中储棉总公司3家政策性企业，以及国家电网和南方电网2家自然垄断企业。其次，“特定功能性企业”有32家，其数量占比约为28%，包括三大板块：一是国防军工板块，包括十大军工企业和中国商飞公司，共11家；二是能源板块，包括三大石油公司、国家核电、中广核集团和六大电力公司，共11家；三是其他功能板块，包括中盐公司、华孚集团、三大电信公司以及中远集团、中国海运和三大航空公司，共10家。最后，其余78家为“一般商业性企业”，其数量占比约为68%，包括22家工业制造企业、17家综合贸易服务企业、7家建筑工程企业、12家科研企业和20家资产规模在500亿元以下的其他中小企业。由于国有企业的复杂性，上述分类可以是动态的，随着环境和情况变化而调整。

王尔德：在分类管理的基础上，应该怎么进行分别监管？

黄群慧：在明确使命、对国有企业进行分类的过程中，基于企业使命深化国有企业改革、推进国有经济的战略性重组。对于“公共政策性企业”，可以采用国有独资公司的形式，并针对具体的企业专门立法，建立严格的政府预算管理制度，其收入和支出都要有严格的预算管理，对管理层考核的核心要求是能否很好地实现公共政策性目标；对于“特定功能性企业”，可以采用国有控股的公司制的形式，也可以成为国有上市公司，这类企业除了满足公司法的一般要求外，还要针对其所处行业制定专门的行业法规来管理，这类企业要接受政府一定的预算管理，对管理层的考核要以经济目标为主，满足国有资产保值增值的要求；对于“一般商业性企业”，企业可以是相对控股的公司制形式，企业的设立和运行符合公司法的要求即可，国资管理部门的监管形式主要依靠对派出董事的管理，其收益主要是股权收益。从国有经济战略性重组目标要求看，国有企业应该主要体现为“公共政策性企业”和“特定功能性企业”，要不断将国有资本集中在这两类企业。而一般商业性企业，是由于历史原因而遗留下来的企业，原则上不新设这类企业，从长期看国有股可以从这类企业逐步退出，从而保证国有资本集中到关系国家安全和国民经济命脉的重要行业和关键领域，增强国有经济活力、控制力、影响力，但从短期看也没有必要“一刀切”强行要求国有股退出。

国企领导人应“分层分类管理”

王尔德：在对国有企业进行分类改革的基础上，也必须改革国企领导人管理体制。国有企业领导人同时承担“企业家”角色和“党政官员”角色，国有企业领导人在制度设计上能够享受两种角色的利益，还可以规避两种角色的风险。这种既“当官”又“挣钱”是极大的不公平。为什么会出现上述现象？

黄群慧：根源是中国特色的社会主义理论与现代市场经济理论还缺乏在国有企业经营机制实践层面进行创造性的有机结合。一方面，我国建设的是中国特色的社会主义，在国有企业必须坚持党管干部的原则；另一方面，市场经济体制要求国有企业改革要坚持市场化方向、突出国有企业的经济属性和国有企业领导人员的企业家属性。要满足这两个方面的要求，因此出现了“党政官员”和“企业家”角色叠加在国有企业领导人身上的现象。因此，要对国有企业领导人员管理制度进行改革，建议由“集中统一管理”体制逐步转向“分层分类管理”体制。

王尔德：您能否谈谈对国有企业领导人如何分层分类管理？

黄群慧：具体而言，应该在上述基于使命分类管理、逐步将国有资本集中于“公共政策性”和“特定功能性企业”的基础上，对于中央国有企业领导人员，划分为两类角色，一类是“党政官员”角色，中央企业集团公司的董事长及董事会主要成员、党组织领导班子成员，整体上市公司的党组织领导班子成员、派出董事和内设监事会主席等，应该界定为这类角色，这些人员由上级党组织和国有资产监管部门管理。在选用方面，采用上级组织部门选拔任命的方式，他们有相应行政级别，选用、晋升和交流都可以按照行政方法和渠道，可以到相应党政机关任职，相应党政机关的领导也可以到这些集团公司的董事会、党组织、监事会任职；在激励约束方面，应该和党政官员基本类似，但考核以企业整体经营发展和功能实现程度为标准，激励主要以行政级别晋升为主，报酬可以略高于同级别的党政官员（可以设想高于同级别党政官员工资的2～4倍），但不能够完全采用市场化的激励机制，不能享受过高年薪和股权激励。

另一类是“企业家”角色。中央国有企业中大量的经理人员，包括母公司层面的经理团队以及各个子公司层面的董事会成员和经理团队等都属于这类角色。这类人员是职业经理人员，由董事会进行管理的，需要按照市场化的办法选用和激励约束。在选用上，这类人员需要在职业经理市场上通过竞争性的办法由董事会进行选聘；在激励约束方面，考核以市场化的经营业绩为标准，董事会按照市场标准给予其薪酬待遇，采用市场化的薪酬结构和水平，可以实施相应的股权激励制度，但是这些经理人员原则上不能够再享有相应级别的行政待遇，也没有机会交流到相应的党政机关任职，他们是真正的职业经理人。

基于上述两类角色的划分，可以建立以分层授权、分类管理为核心特征的中央国有企业领导人管理制度。所谓分层授权就是上级组织和国资监管部门对“党政官员”角色的国有企业领导人具有选拔任命和管理权力，而对于“企业家”角色的国有企业领导人的选拔聘用和管理权力则授权给中央企业董事会；所谓分类管理，体现为对“党政官员”角色的国有企业领导人的管理，由上级组织和国资监管部门参照党政系统的激励约束机制、结合企业经营实践进行制度设计，而对于“企业家”角色的国有企业领导人的管理，则要由董事会按照职业经理市场要求、建立市场化的激励约束机制。

上述改革，同样也需要探索相应的配套改革举措。一方面，上级组织部门和国资监管部门要进行相应的职能调整和工作习惯转变；另一方面，要进一步完善中央国有企业董事会建设，探索有效的董事会考核评价机制和成员选拔机制，可以考虑内部董事一般由党组织班子成员担任，降低经理层成员与党组班子成员交叉任职的比例，降低经理层成员担任执行董事的比例，等等。

（本文初载于《21世纪经济报道》2013年10月31日第6版）

丁耘：希望2049年的中国有盛世气象

丁耘，复旦大学思想史中心主任、哲学学院教授。研究领域包括德国哲学以及希腊哲学，目前关注形而上学的重建与政治哲学传统的梳理。

“我希望2049年的中国，能在它古今中西的所有精神财富之上，缔造出一个人类辉煌的时代。”对2049年的中国，复旦大学哲学学院教授丁耘充满期待，但这也是一种谨慎的期待。

他期待，新中国一百年，能有汉唐气象。在他看来，汉代实际上解决了中国内部的古今问题，唐代则比较好地处理了中西问题。而古今中西问题也是当代中国面临的迫切问题。

就古今问题而言，对传统的理解问题尤为重要。

丁耘认为，传统是复杂的、多光谱的。通常意义的断裂，恰恰是以连续为前提的。更重要的是，断裂的力量可能是传统中的另一端。以为一些东西是外来的，实际上是基于我们对传统的简单化理解。

丁耘主张，在传统认同上，新中国的革命文化传统，当然是对中国文化传统的更始重建，而不是西化的结果。可以拥有消化西方传统的因素，但是仍然是中国传统现代的表现，是中国传统最现实的部分。

文化的辉煌仍需百年

王尔德：有人认为中国作为经济巨人的活力和政治上的重要性已经得到世界的认可，但中国若要想在文化上在全球占有一席之地恐怕还需要几十年。换句话说，与中国的硬实力相比，中国的软实力还不够。对此您怎么看？

丁耘：我想指出，软实力和硬实力是不可分割的，硬实力的提升会导致某些方面的文化在一定程度内被认可——历史上这种例子比比皆是。即使游牧民族或渔猎民族作为征服者，被文明程度更高的、作为被征服者的农耕民族在文化上同化，前者在文化上对后者也有影响，看看北京的满族文化痕迹就知道了。文化被认可意味着软实力在某些方面的加强。因为，文化分很多层次和方面，像影视、流行音乐、美术、文学这样的大众文化冒出来最快，一代人的时间足够在世界文化领域占据一席之地。这十年来，我们在大众文化方面的进步，是我们在十年前难以预料的。十年前谁想到会出一个诺贝尔文学奖作家呢？当然，流行文化或大众化了的经典文化（例如被大众传媒关注的“纯文学”）只是文化的一个方面。中国流行文化在世界范围内的迅猛传播，可能二三十年足矣。

但是文化更深的方面，在表面之下的、构成所谓“底蕴”、构成这个文明的经典性的东西，要得到所谓世界范围内的认可，几十年恐怕都很难。基督教文明用它所有的或硬或软的手段，其传播时间，也要以千年来计算。但自己文化中最重要的那部分，得不到世界认可——那又怎么样？！每种文化中最高深的东西，也就是此文化的独特性所在，如同某种神秘的、失去了文字表述的配方，恰恰是无法转译、大规模传播的。衡量文化中最独特的韵味、风骨和精魂，也不能用是否在世界范围内得到接受和认可来做标准，而只能用此文明的内在历史标准来评价。难道唐诗宋词需要翻译为突厥文、西夏文，被突厥人、西夏人品评，才能定其高下吗?

当然，在所谓全球化的时代，内在的、历史的标准极易被忘却。此时，知识人在“提撕”这个严格说来唯一的文化标准之外，只能降一格说，通过所谓世界范围内的影响程度来定其优劣。严格地说，靠影响来评价，就是依靠受外行欢迎的程度定高下。自然科学和社会科学的领域，此行业是跨国界的。此影响可以限制在同行之内。但纯粹的人文、思想领域，与本位文化关系极其密切，在这里，外国人就是“外行人”。这里的标准应该从横向变成纵向的。从中国文化史纵向来看，将来几十年内，中国文化是不是能够达到文化的辉煌和繁荣，这才是切题的发问。未来几十年，能否出现像中国历史上那些时代的伟大成就，例如汉代辞赋、晋唐法书、唐诗、宋词、明代理学，从这个方面看，恐怕还要养气积厚近百年的。顺便说说，我倒是觉得，在自然科学甚至哲学上出点这个时代的一流成就（例如诺贝尔奖），几十年倒是够了。

“中道”或者“时中”

王尔德：与其他文明相比，中国最有竞争力的价值观是什么？

丁耘：我对试图将文明精神简化为一个或一套价值观念的意图持保留态度。文明是复杂的、丰富的，有枝干之区隔、源流之演变。伟大的、不断更新自身的文明，往往在其自身之内具有丰富的对立之源，在其紧张交织、摩荡激发之中，获得永恒的活力。因而在不同时势下会有不同的甚至难以同质化的表现。文明精神的揭示，只能从该文明的最高经典中去读解。文明之经典非它，即此文明精神之自我创制与自我阐释。

与经典的诠释史相比，任何将之概括为“价值观”的努力，都显得过于轻浮或僵化。虽然如此，亦不妨勉强做一概括。近人多倾向于同西方文明与印度文明的对照中发现中华文明之特点。然此做法需要对后两者有全面、系统的研究。有试图将印度文明简化为佛教精神，将西方文明简化为基督教态度的。这有很大的片面性，但可以拿来做策略性的分析。由于面对佛教时的焦虑，宋明儒家判教，特别注意与佛教的分际，如以为佛教以心或心之明觉为本，儒家则以天或天理为本。此事在儒家之内有很深入的辨析，但说儒家或周代以来的中国文明以天为本，大体不差。但今日之势，与古又别。当首先注意儒耶之际。两者皆尊天，又有何分别呢？利玛窦就曾利用这点相同，拉拢儒家排斥佛教。其实中华文明于天，主其不息不殆，昭昭大明，非超然于变动之上之天主。耶教只见天之主宰意，不提天之健进意，只有事天之意，不许心体进而知天、法天而有天德。从与耶教分际处，可试定中华“核心价值”为——天人相应、不息健进、与时变化。在这里特别地要强调从天行推衍出来的时中或者中道观。如果说从“主天”之意还有混同之嫌，那么在时中观上，与一神教文明的差别就非常之大了。

中国的中道精神，既不主张永恒不变，也不主张茫荡无守；既不是教条主义的，也不是经验主义的；既不留恋抽象的东西，也不执着于过往的经验；既不躁动不安，也不故步自封。在政治（无论是革命或者统治）、伦理、礼乐、艺术精神与社会实践上，都能看到时中观的影响。大而言之，唯从时中观，方可在革命与传统、开新与保守中找到最适合自己的道路。中道云云，唯中是道而已。中国云云，时中之国而已。

西人很少讲中道。亚里士多德讲过一些，在某些方面与中国的中道观很像。实际上其相似处被中国人高估。其时中观，在其思想体系中绝无“中”在中国思想中所有的地位。佛家儒家皆重视中道。实际上中道是中国最要紧的观念。这是中国的思想家、哲学家大有可为的地方。有很多人说最代表中国文化的东西是和谐，和谐也不错，是传统，但是从“中”派生出来的。

从实践上讲，时中是按照具体时势和情境采取最适宜的行动的精神，唯圣人体时达中。孟子说，孔子是圣之时者也，这是中国人之为中国人，与一神教甚至与其他东方民族可以区别开来的地方。只有中国既尊重传统，又不断开新，甚至这种开新有时会表现为对古旧东西的不在乎。非生命力强大到奢侈的地步，孰能如此？中国人对传统的尊重而不执着，恰恰是他的传统中最伟大的地方。万物皆变，唯变不变。要知道，中国人的最高经典，就是讲变化的。

王尔德：您概括的“中道”和“时中”精神，在政治和社会生活中体现在哪些方面？未来应如何使之更为清晰，更易于世人接受？

丁耘：至于问怎么体现，首先在政治上，毛泽东思想的核心之一就是既批判教条主义，又批判经验主义。从中国化佛教的思想看，这叫不落二边。从西方哲学看，这叫作普遍性与个别性的统一。在我看来，这不仅是毛泽东个人的创造，更是中华文明最大的特点。

其次体现在社会文化风俗上。于新旧更替之际，不会一边倒。这在新旧文化风俗的求同存异上，体现于方方面面。中国现在家庭结构和先前差别很大，但还是有一个内在的延续性。都是核心家庭，中国式核心家庭与西方的有很大不同。同时中国人也不单纯是家庭的动物，非独有天下关怀，也有厌倦世俗家庭生活的独体传统，有求道、问学、技艺、修行、隐逸乃至游侠传统。中国传统中的人，既有人情练达、老于世故的一面，也有孤独深沉、隐遁怪癖的一面。无可否认这也是中国的东西，其中有张力，紧张但不破裂。这是非常有意思的东西。

再者，如何使这种特点更清晰、更容易地被接受？我认为，这需要有明晰的、系统的哲学表述。要把这个东西变成体系，只有这样，才可以和西方的神学、科学、哲学有一个对话，在对话中让中国的中道精神获得其概念形态。通过内在的对话，可以把西方的东西解释和消融掉。上帝、存在、逻辑等西方文明基础概念，也许是可以在一些更本源的东西中得到解释的。

如何理解传统

王尔德：从费孝通开始，学界关心并讨论文化自觉或者文化复兴，但很多人都在笼统地谈论，彼此所言文化传统的内涵差异极大。那么，您如何理解我们的文化传统？

丁耘：我现在给传统下一个界定，这很难，但也未必难到超越了哲学的观察和描述能力。传统一定是在先前被发现、追认和辨别出来的。传统本身不是现实生活，而是生活中有现实性的东西的这样一种根据——它作为一种总体性的意见，与过往之间有连续性。这个可以追溯到与过往的连续性上的生活意见之总根据，就是传统。简单说就是，现实的东西中可以归诸过往或过往东西的变形的部分可以称为传统之遗产，而其根据则是遗留物后的传统。我们同意前人区别传统文化与文化传统的做法。

处理传统时，最大的问题就是连续和断裂的关系。如果现实和过去能找到连续性，那么这个现实可以说是传统的一个新的表现；如果断裂了，生于断裂的东西就会被认为并非来自传统。但是，连续性本身（严格的连续性，包括例如运动、量、时间或意识的连续性）也都是在断裂之上构造起来的。要么否认一切连续性，要么就得承认传统的连续性没有什么异于一般连续性的东西。通常意义的断裂，恰恰是以连续为前提的。更重要的是，断裂的力量可能是传统中另一端的东西。以为一些东西是外来的，实际上是基于我们对传统的简单化理解——传统是复杂的、多光谱的。

连续性和断裂性的问题，在这后面其实是一与多的关系问题，我们的传统是完整的、单数的，但分析下去，极有可能是一个极具张力的、由复数的小传统构成的复杂的、暂时的动态平衡。革命的时代，很多革命是以反传统的面孔出现的，但是反传统的变革力量其实并非外来的，而是从传统中被其他势力压抑的其他力量中跳出来的。像20世纪的中国革命，儒家不是受待见的，但是很多用来反对儒家的思想流派，不少其实就是儒家内部的一些比较边缘化的小传统。儒家内部也有张力，存在着另一种或另几种儒家。更不用说，在十九二十世纪剧烈的全面变化中，在儒家传统之外的，但是又是中国传统之内的一些思想都得到复兴：佛学、法家、道家、墨家。这些复兴可不是可有可无的，实际上是中国革命的思想资源光谱的一部分。

对传统的理解切忌简单化、教条化，这和我刚才说的中道是有关系的。

中国人从来不是教条主义的。中国传统是活的，是有生命和弹性的。它当然也有界限，但这个界限不是宗教组织的准机械界限。在所有文明中，为什么唯独任何将中华文明简化为宗教的努力总是遭到失败呢？这是因为，中华文明是超越宗教的。唯其如此，故能容纳多教而又不破此文明。以为世界上的文明都是宗教的，这是受了西学之毒。我们把握了这一点，就可以既对历史做有效的解释，也对未来有合理的期待。对传统简单化、教条化的理解，实际上是贬低了传统。这不仅使传统名誉扫地，阉割了传统的生机，更把大量现实的东西驱逐到传统的生命力之外。传统永远要比我们的解释丰富复杂得多，更加亲切和有生命力得多。传统永远会既消灭试图消灭它的努力，也会嘲弄试图简单再现它的努力。

王尔德：中国的文化传统如何在未来三四十年中帮助我们克服现在面临的问题，并获得进一步的发展？

丁耘：这个问题提得很好。许多有识之士都对中国文化传统有这样的疑问。首先，我觉得在这个问题中，首要的部分不是中国传统有哪些解决问题的能力，而是我们将要面临的最大问题是哪些。政府面对的最大问题是发展经济，这些问题都是发展经济的问题，经济如何更有效地发展，更可持续、更有生态性地发展。这些当然是真实的问题。但思想者要想得更深远些，要面对的是经济发展导致的问题。首先要知道经济发展是有限的，充满了变数，发展会有一个瓶颈。有些问题——往往是最重大的政治—文化—社会问题——永远在经济发展之外。即使是一马平川的发展也会造成其他问题，比如社会方面、文化方面的问题。

社会问题会导致政治危机。贫富分化后，富人阶层的强大会谋求其政治表达，这样的表达将和来自革命的政权中的平等性原则发生冲突，这就会导致政体—宪政的危机。所以说，经济发展带来的问题，不局限于经济问题。

文化方面，我们进入到一个物质生活比较丰富的时代。按照世情之规，此时会出现世风浮华、奢靡的现象。社会与文化这两个方面的问题，中国历史上都是不时再现的。历代农民起义都是因为贫富两极分化，豪强大规模土地兼并引起的。富者田连阡陌，贫者无立锥之地。到了这个地步，王朝会陷入危机，无地农民特别是流民就会要求重新分配土地。中国现代进程实际上是从新中国建立后的土地改革开始的。这个基线不能突破。如果豪强开始兼并土地了，不管以什么样美好的名义，如果大部分人无立锥之地，事情就会很麻烦了。这是历史告诉我们的正反面的经验。

对平等原则最大的挑战是阶层固化，就是说富贵人家的孩子还是富贵，穷人家的孩子再怎么奋斗也升不到多高的社会阶层。出现了世袭制——封建制回归的苗头（严重的是还打着儒家的旗号）。但在中国有一种政治传统，落实为科举制的原则。科举制表明，中国统治者有意识打破阶级固化、促使阶层流动的努力。通过加强皇权、加强中央集权来择贤取士，促进阶层流动，就是某种以皇权为前提的平等或公道。在中央权力削弱的情况下，阶层固化反而会增强，官僚集团强大到皇权也难以触动的地步，则离改朝换代不远了。这是传统中的经验和教训。择贤取士，就是把各阶层优秀的人才提拔到治理位置上，而让心性上的小人，在政治上也处于比较低的地位，否则就如《周易》所云："负且乘，致寇至。"科举的理想是让比较优秀的人处在上位，而非底层。优秀的人被长期压制在草根阶层，会不满自己的位置，会革命。从政权的角度来看动乱，其源头就是优秀的人处在比较低的位置。这是政治传统中对现实有帮助的方面。

至于浮华奢侈的世风，中国儒家传统中有迎合的因素，也有克制的要素。原始儒家虽是贵族文化的教育与传承者，孔子兴私学之后，其成员也多为末等或破落贵族。是以儒门之内，也有豪族儒学与寒族儒学的基本张力。大抵豪儒悦礼，寒儒悦仁。所以孔子要加强对颜回之类的礼之教育——寒门缺乏这个经验。豪族儒家喜欢讲个"富而好礼"，特别重视嫡庶宗亲之间的对各种权力的分配之义——他们老婆儿子一大堆，又有土地名器爵位可以传承嘛！"富贵不能淫"主要是说给这些老兄听的。不错，儒家的确重"礼"，但"礼"是昂贵的。"仁"是珍贵的，却是有心即可。寒儒只有"贫贱不能移"，重视砥砺名节，崇气节，重工夫，兴教化。多基层社会的讲理学、立乡约、正人心、淳风俗的努力。这些方面，都有对豪奢、物欲、浮华的世风克制之道。但无克制之势，仅得其法，不能解决问题。奢侈和发达资本主义之间有本质的关系，在这方面，我对传统能发挥多大作用，表示悲观。也许问题要从美学而非伦理下手，从流品和趣味下手。

新的传统的独立性

王尔德：到2049年，将迎来新中国成立一百周年，您对彼时的中国文化

有何期待？

丁耘：展望2049年的中国文化，我希望她是伟大、庄严、生机勃勃的。有盛世之象，而无浮华糜烂之风。极度的富有容易导致盛极而衰。昌盛之后就是没落。衰落体现在丧失活力、体现在把最可贵的生命和才智都用来琢磨享乐的艺术。这是最需要警惕的。

2049年，我们还是得纵向地从中国历史内在脉络来看。历史认可比什么世界认可重要得多。新中国一百年，能有点汉唐气象就不错了。汉代实际上解决了中国内部的古今问题——因为汉代的郡县制大一统天下对时人是个最“现代”的东西。汉代和三代之间有古今冲突，这是汉儒要解决的基本问题。唐代则比较好地处理了中西问题。唐代皇室有夷狄血脉，唐代的文化同印度、西域的影响密不可分。但唐代并未丧失中国文化的主体性。

总之，我希望2049年的中国，能在它古今中西的所有精神财富之上，缔造出一个人类辉煌的时代。虽然对于人类，也许不能有过于完美的要求。

王尔德：从1949年到2049年，新中国成立一百周年，是否会形成一个新的历史传统？您如何看待这一新的传统？

丁耘：到了2049年，新中国就有一百年了，将近代革命历程加上，就过两百年了。按照人民英雄纪念碑碑文的历史叙述，正是从1840年开始的漫长而伟大的中国革命造就了新中国。到了2049年，革命的百年，加上新中国成立的百年的传统无疑会被确认属于我们的传统，并且是传统中最活跃、最现实的那个部分。其他所有的传统，不管是儒家、道家、法家还是西方的什么传统，都要在我们的现实传统里面找到自己的位置。

很多人会质问中国现代传统的独立性。因为这个传统要么会被复古派评判为西化的产物，没有独立性；要么被西方人评判为来自儒家的革命传统。但此传统无疑有其独立的东西。一个个体生命，不能因为自己身上有父母的血统，就否认自己生命的自为性与独特性。

另外，在传统的历史认同上，还是要归位，到底属于西方还是中国的。我坚持认为，新中国的革命文化传统，当然是对中国文化传统的更始重建，而不是西化的结果。可以拥有消化西方传统的因素，但是仍然是中国传统现代的表现，是中国传统最现实的部分。

这里有一个证据。在改革开放前，无论革命年代，还是新中国成立之后的各种重大的历史行为，诉诸的思想资源，其实都是中国传统里的东西。革命战争中的取天下之道，与古代农民战争有自觉的联系。即使新中国成立以后，党内路线斗争、思想斗争的精神资源毫无疑问也是传统来的。例如儒法斗争，实际上是中国传统的内在张力的现代表现。而改革开放之后的论争，在头二十年里，更多地表现为西方传统中不同思想资源之间的冲突与较量，表现出了西方传统的内在张力。那时争论诉诸的主要资源更多的是西学的东西，争论双方所用的是西学内部的两派。无论左派、右派，都是西方内部的。敬重传统的保守派的思想资源其实也是舶来品。近十多年来，思想界对传统逐渐恢复了活生生的现实兴趣，明显表现出重新发现中国传统之丰富性和复杂性的倾向。这并非兴趣转移，而恰恰说明了，西方传统已经被中国传统自己培养成一个“自身之内的他者”，构成了最大的张力——活力之一极。难道还有什么比这个更能说明所谓中国传统的活力和现实性吗?

我相信，传统的思想资源也会越来越多地参与到对未来中国的设计和变革中，而且扮演越来越重要的角色。但前提仍然是，对传统不能做简单、单一的理解。

（本文由王尔德与李二民合写，载于《21世纪经济报道》2012年11月26日30版。收录本书时已经得到李二民授权。）

第五章

速度与质量

马丁·李：
经济增长质量是未来中国最大的挑战

马丁·李，罗马俱乐部前秘书长、中国政府应对气候变化和可持续发展前高级顾问。

在2011年6月底召开的第二届全球智库峰会上，记者再次遇到马丁·李（Martin Lees）。

作为国际知名的社会活动家，1941年出生的马丁·李先后在经济合作与发展组织（OECD）、联合国和罗马俱乐部担任过重要职务，并于2010年卸任罗马俱乐部秘书长的职务。

其间，他一直关注中国的经济和可持续发展政策。在上任联合国助理秘书长的第二年，也即1983年，他就开始负责关于中国的国际合作项目，包括1988～1998年的顾问项目——“20世纪90年代的中国和世界”，以及参与筹建“中国环境与发展国际合作委员会”（于1992年成立，由中外环境发展领域高层官员和专家组成的、非营利性的国际性高级咨询机构）。

年近古稀的他虽不再担任任何公职，但依然热心参加环境与可持续发展的社会活动。在香港市政府与香港思汇政策研究所联合举办的“低碳之城——香港2010气候变化国际会议”上，他接受了《21世纪经济报道》记者的专访。

未来不仅仅要解决温饱

王尔德：您对中国过去三十年的经济改革，如何评价？

马丁·李（以下简称马丁）：我记得在20世纪70年代末，中国还非常贫穷。每个关于中国的演讲，总会说它是一个贫穷的大国。因为86%的人口住在农村，彼时的中国非常困难。但是短短31年后，中国发生了翻天覆地的变化。大约5亿中国人脱贫，进入到一个物质丰富的世界。我认为，怀疑“中国模式”是否成功是一个错误。

同时，我不得不说，如果中国选择效仿西方，就像我们看到的人们看电视，都希望像美国人或欧洲人一样生活，那么，中国的发展必然崩溃，因为环境和资源容量实在不足以承载13亿人美国化。这是一个简单的逻辑推断。

全球环境已处于灾难的边缘，现在最热的气候问题只是一个方面，还有生态问题和水资源问题，以及因水资源而造成的食物问题、沙漠化问题、海平面上升问题，这些问题中国很难置身其外。

王尔德：那么，您如何看待“中国模式”未来十年的前景？

马丁：如果你看一些分析文章会发现，每个人都预计未来十年中国的GDP能够翻一番，这听起来非常好，但是我个人并不相信这一说法。因为未来有太多不确定的因素，如上面提到的环境和资源问题。比如，你们在资源上会遇到很多问题，比如是否有足够的木材，是否有足够的石油，等等。

一个非常简单的问题是，我们生存的世界是一个常态的世界，这意味着自然或任何系统并不是依照一个简单的方式运转，总会有麻烦、问题和突变出现。如气候会发生变化，它可能不是一个稳定或者渐变的过程，它可能会稳定，也可能会发生剧变，这就会带来问题。所以不要认为未来会是想象的那样。

王尔德：在充满变数的未来世界中，您认为中国的执政思路应该有哪些相应的调整？

马丁：我认为中国领导人应该更多地去思考，你从哪里去获得能量，你怎样去保持这样的增长，你们要使你们的经济成倍地增长，意味着你们在未来十年内能够依靠现有的资源创造一个新的中国，你们如何做到呢。这不是一个简单的事情，你们（的经济）过去有很大的增长，不意味着你们能够永远保持这样的增长。

在长期高速发展后，中国模式的基础也就发生了变化。之前，邓小平提的为中国人提供温饱的目标，非常简单、明确，也非常有效；但是现在中国政府的目标变得更加复杂，不能仅仅是经济上的目标，而必须是包括环境和资源在内的综合目标。过去出于强烈的生存需要，不用考虑能源消费和污染控制。所以一个长期的错误发展观念就是，尽可能地保持经济发展的速度，这就导致环境问题长期被忽视。

所幸如我所见，中国领导人已经很清楚地意识到问题所在，并开始采取行动。中国领导人正在考虑如何控制经济增长率，改变经济增长结构，开发绿色能源，发展循环工业。我相信在未来五年内，中国将会有巨大的变化。

小康社会是提高经济增长质量的探索

王尔德：说到增长的速度问题，就不能不提罗马俱乐部发表的报告《增

长的极限》，这份报告在1972年发表之后轰动一时，并引发巨大争议。四十年过去了，您认为，罗马俱乐部当年的观点是否改变了？

马丁：我想并没有。在1972年，罗马俱乐部并不能预测未来，因为没有人可以这样做，我们只是说在经济增长的数量上会有问题出现。如果我们足够智慧，我们便可以掌控问题。然而不幸的是，四十年来，人类在我们担心的问题上表现出了愚蠢的一面，那些问题变得更加糟糕和危险。更为不幸的是，可能到21世纪中叶，我们仍会受书中问题所困扰。所以，罗马俱乐部迄今还在为解决此问题而努力。

在此基础上，我们关注的重点也在悄悄转移，从过去关注经济增长的数量问题，到现在我们更加关注经济增长的质量问题。

王尔德：经济增长的质量是当今我们面临的全球难题吗？

马丁：是的。其实，早在20世纪六七十年代，欧洲经济学家就展开了一场关于经济增长质量的大讨论。但进入20世纪80年代，美国总统罗纳德·里根与英国首相玛格丽特·撒切尔告诉大家，不用担心，不要计划，市场会解决问题，讨论也因此而暂时中止，灾难由此产生。从后来我们走过的路来看，由市场去解决问题的想法未能奏效，政府应该为市场制定规则，这是我三十年来在工作中感受最深刻的一点。

这个问题在中国同样存在，经济增长质量是未来中国最大的挑战。我见证了中国经济政策的变化，这种变化实际上就是从关注经济增长速度到意识到不能忽视经济增长质量的过程。20世纪80年代，中国追求经济增长速度以改善中国人的生活，环境的污染却无法避免，这近似于美国当年的发展模式。然而不久，人们就发现这并不是一个好主意，因此环境污染造成的社会损失无法忽视。所以到了20世纪90年代，政府开始调整思路，追求可持续的增长。

王尔德：那么，您认为中国应该如何解决经济增长质量问题？

马丁：中国如何才能走出一条不一样的发展之路？中国必须重蹈西方发展之路吗？早在20世纪80年代，我们就讨论过这一问题。不幸的是，迫于巨大的现实压力，在很大程度上，中国也走上了西方的老路。在沿海发达地区，有差不多3亿人生活得非常好，有很多百万富翁，所有年轻人都渴望拥有宝马车。当然这并非问题的全部。

假如我是一个聪明的中国人，必然反思，西方尚且知道他们的模式不好，我们又何必去模仿他们呢？实质上，中国是一个既强大又聪明的国家，它看到了照搬西方模式所面临的风险，所以也在探索一条具有中国特色的发展道路，比如“小康社会”是这一问题的答案之一。我认为中国政府和人民都足够聪明，他们会想，我们难道不能做得更好吗？难道不能找到让人们更加快乐、远离过度消费而生活得更好的方法吗？

王尔德：您认为建设“小康社会”的目标，是提高经济增长质量问题的途径之一？

马丁：这还需要观察。但是中国的问题在于，北京方面有很好的想法，对一切都非常理解，但由于中国地域广大，对地方而言，“山高皇帝远”，要让他们按照上面的要求来做，难度会非常大。所以，问题的关键就在于如何让决策在全国范围内落实。

（本文载于《21世纪经济报道》2011年7月29日24版）

刘世锦：
中国未来几年将进入6%～7%的中速增长期

刘世锦，国务院发展研究中心副主任，办公厅主任，产业经济研究部部长，研究员，博士生导师。

在国务院发展研究中心副主任刘世锦看来，中国已经进入经济增长阶段的调整期。由于中长期潜在增长率的下降，今后两到三年，最多三到五年，我国经济由高速增长转入中速增长将是一个大概率事件，经济增长速度将由10%左右回落到6%～7%。

对经济增长阶段的调整大可不必恐慌。刘世锦对《21世纪经济报道》指出，这是正常现象，体现了经济增长的规律。即便未来几年降到6%～7%，从国际范围来看，仍然是不低的速度。“但我们必须防止地方政府接受不了这种变化，还千方百计试图恢复到过去的高增长水平，这样容易产生资产泡沫的风险。”

刘世锦认为，中国要顺利实现经济转型，必须高度重视抑制泡沫和打破垄断。一方面要抑制房地产泡沫不动摇，并用长期的制度性措施如房地产税代替一些短期措施；另一方面，在打破垄断、鼓励竞争、促进创新和产业升级上采取有效措施。

6%～7%的中速增长仍是不低的速度

王尔德：中国经济增长速度回落的性质，是不是这种增长速度阶段性变化已经开始？

刘世锦：2011年以来的几个迹象很值得关注。

一是基础设施投资在总投资中的比重持续下降，由2009年的31.2%降到2011年的23%左右。在我国的总需求结构中，消费增长总体上是稳定的，进出口有较大的波动，高增长主要依赖于高投资。在投资中，过去一些年，基础设施占比近30%，房地产占比25%左右，设备投资占比30%左右，此三项投资可以解释85%左右的投资增长。现在基础设施投资下来了，房地产若没有保障房投资增加，也难以保持目前的增速，而设备投资也在较大程度上依赖基础设施和房地产投资。

二是东南沿海的几个大省市，包括广东、浙江、江苏、山东、上海、北京的增长速度低于全国平均水平，而它们占到中国经济总量的一半以上。事实上，按现价美元，2010年，东部人均GDP达6693美元，北京、上海、天津都超过了10000美元；按国际元计算，已经超过了11000国际元的水平。中国经济增长速度下台阶，应先从东部地区开始。

三是人们对地方融资平台和房地产风险的担忧，很大程度上反映的是对这些领域中长期投资回报潜力的担忧。

当然，增长速度下移的具体时间和方式有一定的不确定性。我们的初步判断是，这个过程有很大的可能性已经开始。对这样一个看法，还需要继续观察和研判。目前，分析中国经济增长态势，需要比以往更加重视从中长期发展背景去观察和思考问题。

王尔德：应该如何认识由高速增长转入中速增长的趋势，这是好事还是坏事？

刘世锦：由高速增长转入中速增长，意味着中国经济增长阶段进入了转换期。这是需要认真思考和对待的事情。对这件事情首先要有正确的认识。

第一，这是正常现象，体现了经济增长的规律。从国际经验看，如果我们能在人均11000国际元水平上增长速度“自然回落”，是顺利度过工业化高速增长阶段的成功标志。

第二，这是潜在增长率的下降，不同于我们有时说的对增长速度的主动调控，不是说我们想让它高起来就能再高起来。

第三，中国经济由高速增长转入中速增长，比如说由10%左右降到6%～7%，从国际范围来讲，仍然是不低的速度，如果能将这样的速度保持一二十年，中国将会避开不同类型的“中等收入陷阱”，成功跨入高收入社会，是一件很好的事情，是下一步应当努力追求的目标。也就是说，如果平稳地转入中速增长期，我们仍然有理由对中国经济前景保持乐观。

高度重视抑制泡沫和打破垄断

王尔德：为了顺利实现中国经济增长阶段的转换，您认为应当如何进一步深化改革？

刘世锦：我们应当加快形成与新的增长阶段相适应的增长模式或发展方式。重点是要解决好虚拟经济和实体经济、国有垄断性大企业与民营企业特别是小微企业在资源配置上的关系，真正把经济增长的立足点和政策的着力点放到实体经济、产业升级和创新活动上来。从国际经验来看，资产泡沫和得到政府支持的大企业垄断是向创新驱动转型的两大威胁。日本的问题是资产泡沫，韩国的问题是大企业垄断。相比之下，德国的经验很值得研究借鉴。一方面，德国房价一直平稳，没有出现大泡沫；另一方面，德国始终重视制造业，除了几个知名的大公司外，有大量规模不大市场占有率高的被称为“隐性冠军”的中小企业，这些企业构成了德国产业竞争力的基础。目前，德国经济依然是欧元区经济的发动机。

中国要顺利实现经济转型，必须高度重视抑制泡沫和打破垄断。当前还是要讲两方面：一方面要抑制房地产泡沫不动摇，并用长期的制度性措施如房地产税代替一些短期措施；另一方面，要在打破垄断、鼓励竞争、促进创新和产业升级上采取一些措施，重点放宽在基础产业和服务业的市场准入，给社会资本更多的合理出口，把支持企业创新和产业升级作为结构性减税的重点。随着经济增长阶段的转变，可以预见企业优胜劣汰、兼并重组的步子加快，应着手研究并出台新形势下促进企业按照市场原则和方式兼并重组、适应实体经济特别是中小企业融资需要的金融改革和创新、与产业升级相配套的人力资本建设等政策措施。

王尔德：在进入中速增长阶段之后，中国应该如何进行结构调整？

刘世锦：观察中国过去一些年的经济增长数据，能够清晰地看到，消费增长通常是比较稳定的，净出口增长有较大不确定性，决定增长速度的主要是投资比重，而投资比重又与工业比重密切相关。由于体制、政策方面的原因，中国确实存在着工业和投资比重过高的问题，但应当把这种“过高”与“正常地高”谨慎地区分开来。当“挤压式增长”结束、经济由高速增长转入中速增长以后，工业和投资比重将会趋稳并逐步下降，相应地，服务业和消费比重将会上升。值得提出的是，这种“结构调整”是由工业和投资的增速降低而导致的相对变化，而非服务业和消费出现了较过去更快的增长，其结果是整体经济增速的下降。当高速增长潜力犹存时，为了“调整和优化经济结构”，人为压低投资比重和工业比重，并不会出现“结构合理、效益提高”，相反，将会出现增速下降、企业盈利和财政状况变差的情况。值得注意和警惕的是，这种状况与落入“中等收入陷阱”的拉美国家当年的情景极为相似。而当高速增长潜力耗尽后，随着增长速度的回落，经济结构的大幅度变动将水到渠成。

这里需要提出讨论的一个相关问题是，未来中国工业特别是制造业的位置如何看、如何摆？我们认为，应当关注和吸取部分发达国家过度“去制造业”而导致的产业“空心化”、实体经济力量减弱的经验教训。即使中国未来制造业比重下降，也不宜降幅过大，比如应保持在30%左右。服务业发展的重点，应致力于包括研发、金融、物流、培训、信息服务、售后服务等在内的生产性服务业，以带动和促进制造业效率提高、产业升级。

这里还有一个对未来全球范围内中国产业竞争优势的展望问题。在全球化日益深化的背景下，任何一个国家（包括大国）不可能也没有必要在所有产业中都具有竞争优势，而只能在部分产业，有些国家是在少数几个产业上具有竞争优势。在高速增长背景下的规模快速扩张基本结束后，中国产业长期稳定竞争力的培养将比此前更为重要。然而，中国未来究竟哪些产业具有长期稳定的国际竞争力，基本上要由市场竞争来决定。就制造业和服务业比较而言，在可预见的将来，尽管服务业会有很大的成长空间，但中国的产业国际竞争力可能更多地仍将体现于制造业。所以，中国有一个比重较高且具竞争力的制造业，将是更长一个时期参与国际竞争的需要。

中国发展战略性新兴产业具有要素组合优势

王尔德：就工信部发布的改革开放以来第一个把整个工业作为规划对象

的《工业转型与升级规划（2011—2105）》，您如何看待发展战略性新兴产业与工业升级之间的关系？

刘世锦：发展战略性新兴产业的意义和潜力，要放在我国产业升级的大背景下观察和理解。从工业化的历史来看，在大国经济发展的过程中，产业发展重心一般要经历轻工业、低附加值重化工业，到高附加值或技术密集型重化工业这样几个阶段。我国工业发展在地区间是不平衡的，总体上说正处在向技术密集型重化工业过渡的阶段，这也就是我们通常说的“工业升级”。这种升级表现为采用新的技术、工艺、设备、管理方式乃至商业模式等，其中有些在发达国家已经有了，我们要学习、引入和应用，对它们来说是旧的，对我们还是新的；有些则不论对发达国家还是对我们都是新的，大家几乎同时开始研发和应用的。现在讲的战略性新兴产业中，这两种情况都有。后一种情况，是我们能够利用的一种重要的后发优势，这意味着我们不一定要照走发达国家的老路，可以直接接触到全球技术和产业的前沿，实现跨越式发展。

王尔德：除了后发优势，我国还有哪些发展新兴产业的有利条件？

刘世锦：除了产业升级的需要外，我国发展战略性新兴产业的有利条件较多，具有独特的要素组合优势。从技术角度来说，过去我国一般都是追赶者，往往与先行者有较大距离。但在这一轮战略性新兴产业的发展中，情况开始出现变化，在一些领域，比如新能源汽车领域，我国的一些企业已有了相当不错的技术基础，与先行者差距不大，有并驾齐驱抑或局部领先的潜力。当然，我们的优势更多的还是表现在新技术的产业化能力和市场需求潜力上。产品制造能力和配套体系是中国的长项，市场需求规模也是领先的。

与发达国家的不同之处在于，我国的大量需求是初次需求，而非置换性需求，比如，中国正处在汽车大众消费的快速增长期，如果这时新能源汽车能够达到具有商业竞争力的水平，大量的消费者初次购车就可以买新能源汽车。所以，在有些战略性新兴产业领域，中国是有条件形成较强的国际竞争力的。

“技术中立”是政府的明智之举

王尔德：中国经济出现的忽视实体经济特别是制造业的倾向，借鉴国内外的经验教训，应当如何看待制造业在未来中国经济发展中的地位和作用？

刘世锦：从前瞻性来看，不失时机地发展某些战略性新兴产业，对我国未来几十年保持制造业的国际竞争力也是非常有价值的。从美欧国际金融危机的经验教训来看，这些国家的金融体系发展与实体经济脱节，尤其是制造业比重下降过快。

中国经济在经历了三十多年的高速增长后，以后几年有很大可能性将出现增长速度的回落，由高速增长转入中速增长阶段。伴随着增长速度的变化，产业结构也将发生重要变化，最显著的工业比重趋于稳定并会有所下降，服务业比重较快上升。长远地看，中国是否会像有些发达经济体那样，工业的比重将降到20%左右？汲取其“去工业化”带来的教训，考虑到中国现阶段和今后长时期仍可能保持的要素组合优势，即使中国以后的工业比重下降，比重也应保持在30%以上。

在二三十年后中国有国际竞争力的产业中，某些当今被我们称为战略性新兴产业的行业可能名列其中。但多数新兴产业的作用，将会表现为与传统产业相互融合并带动其升级。比如，新能源汽车事实上是整个汽车产业的一个组成部分，光伏发电等新能源对能源产业也是如此。

王尔德：在发展战略性新兴产业的过程中，有的政府主管部门似乎希望在某些产业领域制订相应的技术路线，对此您怎么看？

刘世锦：目前我国所说的战略性新兴产业中，部分产业中的新技术尚在探索之中，与真正的产业化和市场化还有一段距离。这时必须认识到这类产业发展的特点。仍然处在研发阶段的技术有很大的不确定性，能否、何时以及在何种情况下取得突破或成功，有一定的偶然性，不可能事先规划。那种有具体时间要求的计划或规划，对这种前沿性创新活动基本不适用。另外一种情况是，越是技术开发潜力大的领域，出现创新突破点的机会越多，技术路线往往越具有不确定性。

这些年来，通信技术、电视机、新能源汽车等领域，都出现了技术路线快速改变的特点，特别是“颠覆性”技术的出现，对行业的影响是革命性的。如果过早确定或指定技术路线，不仅会抑制更有优势的新技术发展的机会，也会使自身处于竞争劣势。对企业来说是如此，对政府来说更是如此。政府过早地指定或鼓励某种技术路线，涉及范围更宽，不利影响往往更大。政府的明智之举是与技术路线保持一定的距离，或者说采取“技术中立”立场，把技术路线的选择问题交给企业和市场来解决。

政府应致力于解决创新过程中的外部性问题

王尔德：如何看待政府在企业创新过程中的角色？

刘世锦：政府与技术路线之间的关系，实际上涉及一个更为宽泛和实质性的问题，即在创新活动日益增加的产业发展中，政府适合于担当何种角色。我们讲政府职能转换，很大程度上与经济活动中创新因素增加、不确定性和复杂性相应增加有关。创新本质上是一个试错过程，高度的不确定性和复杂性是其基本特征，适合于由市场机制发挥作用，需要由具备高度开创精神的企业家担当主角。

在这个过程中，最需要政府做的事情是解决外部性问题，也就是那些对创新非常重要，但仅靠企业和企业家解决不了的问题，包括创造和维护一个公平竞争的环境，为所有具有创新精神的人开放机会，使全社会的创新能量充分地涌流出来；保护产权，对创新活动来说尤其重要的知识产权；创造需求，比如对那些具有巨大市场化潜力的产品，在其市场导入期以补贴方式以需求侧激励；推动有关基础设施建设，比如新型电动汽车的社会充电设施；为企业引进人才、职业教育等给予政策支持；等等。

王尔德：不少地方借发展战略性新兴产业之名，大上工业园区和相关项目，盲目性相当大，应如何认识这些现象、解决这方面的问题呢？

刘世锦：过去一些年中国经济发展“强政府”的特征显著，在一些领域，如基础设施建设，看起来也相当成功。其中的一个重要原因就是，这些领域技术比较成熟，有直接的先行者可以模仿学习，不确定性较小，政府直接参与和投资，可以有一定优势。而当经济逐步转向更多依靠创新驱动以后，这样的优势削弱或消失了，因而需要有一个从“直接参与者”到“环境创造者”的转换。这主要还不是一个通常说得较多的政府管或不管、管多管少的问题，而是管的逻辑和方式转变的问题，而且需要与过去显著不同的能力。

有的地方以“发展战略性新兴产业”为名，在相关行业关键技术尚未过关、产业化和市场化前景不明朗的情况下，搞工业园区、上新项目，短期来看投资和GDP上去了，但中长期的风险不能低估。因此，发展战略性新兴产业，当务之急是在理解相关新兴产业发展特征的基础上，把政府的位置摆正。一定意义上可以说，这既是压力，也为政府职能转换提供了难得的契机。发展战略性新兴产业，各地之间存在不同程度的竞争，其实，更重要的是，政府在对产业发展的理解和职能转换上的竞争。如果能在解决这个问题上走在前面，发展战略性新兴产业将会有更多的成功机会。

（本文载于《21世纪经济报道》2011年12月13日6版和2012年3月20日6版）

刘树成：巩固和发展好当前经济适度回升的态势

刘树成，中国社会科学院学部委员、经济学部副主任、研究员、博士生导师。学术专长为宏观经济学。兼任《经济研究》主编，中国数量经济学会顾问。

2013，新的一年，中国宏观经济将往何处去？

从2010年第二季度到2012年第三季度，中国经济增速连续10个季度下滑，之后，在2012年第四季度略有回升，为7.9%。在中国社会科学院学部委员、经济学部副主任刘树成的研究视野中，这是我国20世纪90年代初以来第三次出现的GDP增长率回升。

不过，目前学界对此次经济增速回升的性质争议颇大。一种是认为经济增速将继续下滑而不能回升；另一种认为GDP增长率维持在目前7%的增长区间就很好，不必回升；还有的主张要努力巩固和发展已出现的适度回升的良好态势。

刘树成说，他本人持第三种看法，“因为这次回升能否持续、持续多久，对未来中国经济的发展至关重要”。他预测，2013年GDP增速可能回升到8.2%左右，略高于2012年的7.8%。

更重要的是，在刘树成看来，与以往的几次经济回升相比，这一轮回升将更多地注重质量，而不是单纯地注重速度，从而为中国经济的转型和改革的推进提供良好的宏观条件；而城镇化则将是这次“新型回升”的基点所在。

未来五年潜在经济增长率在8%～9%之间

王尔德：您如何预估未来几年的经济增长率？

刘树成：改革开放三十多年来，我国经济一直以近两位数高速增长，现在进入潜在经济增长率下移的新阶段。

准确计算潜在经济增长率是一件很困难的事情，而且，在宏观调控实践中这也是一个经验把握问题。我们课题组曾根据我国1978～2009年GDP增长指数，利用HP趋势滤波法，计算得出滤波后的趋势增长率。计算表明，改革开放以来的三十余年中，滤波后的趋势增长率大体处于8%～12%的区间内，即上限为12%，下限为8%。现在潜在经济增长率下移时，其上下限是否都要同时下移呢?

从我国当前实际情况出发，在潜在经济增长率下移过程中，其上下限的下移可以不对称。在最近五年内，在宏观调控的实际把握中，可以首先将潜在经济增长率的上限下移2～3个百分点，即其上限由12%降到10%以内，把握在9%左右为宜，而其下限8%则可暂时不动。也就是说，如果我们把潜在经济增长率作为一个区间来把握，未来五年内可以把握在8%～9%的区间。

王尔德：为什么潜在经济增长率上限要下移，而下限可以不动？

刘树成：首先，为什么要把潜在经济增长率的上限降下来呢？这是因为，过去我国的主要问题是经济增速往往过高。新中国成立以来，我国经济增长曾多次出现“大起大落”现象。“大起大落”的要害就是“大起”。因为经济增长速度过高、过急、过快的“大起”，也会很快产生“四高”问题，即高投入、高能耗、高污染、高通胀，很快造成对经济正常运行所需要的各种均衡关系的破坏，造成经济结构的恶化，由此导致随后的经济增长速度的“大落”。经济增速过高，会造成宏观经济效率损失。实践表明，在我国，经济增长率冲出10%，就会使经济运行出现偏快或过热的状况而难以为继。现在，从人口年龄结构变化、人口红利逐渐减少的因素出发，从资源、能源、环境等约束不断强化的因素出发，潜在经济增长率的上限首先应该降下来。

再者，为什么潜在经济增长率的下限8%可以暂时不动呢？改革开放三十多年来的近两位数的高速增长已难以持续，但从我国目前的经济发展阶段看，在现实经济运行中，经济增长率8%应该是一个基本底线。如果低于8%，经济运行也会遇到一系列问题和各种困难而难以持续。

实践表明，经济增长率一旦低于8%，就会呈现出各种问题。如2008年第四季度和2009年第一季度，在国际金融危机冲击之下，我国GDP增长率分别下降到7.6%和6.6%，给企业生产和就业带来严重困难，使全国财政收入出现负增长。再如2012年第二季度，GDP增长率降到7.6%，各方面也立即感到或逐步感到经济下行的压力。

总的来看，在我国目前经济发展阶段，经济增速太高，如冲出10%，会恶化经济结构，造成宏观经济效率损失，不利于转变经济发展方式，难以持续；而增速偏低，如低于8%，也会恶化经济结构，造成宏观经济效率损失，不利于转变经济发展方式，难以持续。因此，应保持适度的经济增速。

经济增长率下移渐变，而非突变

王尔德：此前，曾经有学者提出，中国经济增速即将由过去的10%左右降到6%～7%。对此，您怎么看？

刘树成：是8%～9%，还是6%～7%？这就涉及潜在经济增长率的下移是一个大幅度的突变过程，还是一个可以逐步渐进的过程？

有学者提出，从国际经验来看，“二战”后成功追赶型国家在高速增长期之后，经济增长率下台阶时，都是大幅下降30%～40%。我国将在2015年左右，潜在经济增长率由过去10%的高速降到6%～7%的中速，降幅亦为30%～40%，下一个较大的台阶。

然而，我们仔细研究国际经验可以看到，不同国家因其地域大小不同、人口多少不同、资源禀赋不同、国内外环境条件不同等，潜在经济增长率的下移可表现为三种不同的情况。

第一种情况，有的国家表现为突变过程。如日本，“二战”后，从20世纪70年代中期开始，经济增长率由原来的年均9%以上，猛降为4%左右。

第二种情况，有的国家则表现为相对平稳的渐进过程。如韩国，经济增长率由20世纪60～70年代的年均9%左右，降到20世纪80～90年代中期的8%左右，再降到20世纪90年代后期的4%左右。

第三种情况，有的国家，潜在经济增长率下移后，在一定时期随着科技发展等因素的推动，还可能重新上移。如美国，20世纪90年代由信息技术革命推动了潜在经济增长率的上移。

在现实经济生活中，对潜在经济增长率的下移，社会各方面（政府、企业、居民个人等）都要有一个适应的过程。如果经济增长率过快、过急地下落，有可能引起经济和社会的震荡。为了避免引起大的震荡，宏观调控应力求使经济增长率的下移成为一个逐步渐进的过程，也就是使潜在经济增长率的下移平滑化。比如，先由“高速”（10%）降到“中高速”（8%～9%），再降到“中速”（7%～8%），再降到“中低速”（6%～7%），然后降到“低速”（5%以下）等等，分阶段地进行。

王尔德：那么从中国的现实国情来看，我们是否有条件使潜在经济增长率的下移平滑化？

刘树成：我国是一个地域辽阔、人口众多的国家，国内需求的回旋余地较大，工业化、城镇化的纵深发展有一个逐步推移的过程，人口红利的下降也有一个渐进的过程，应该说，我们有条件使潜在经济增长率的下移平滑化。特别是我国地域辽阔、人口众多，各地区发展水平差异较大，这就为我国经济在未来一段时期内保持一定较快的增长提供了较大的空间。以各地区人均收入水平差异来看，2011年，在全国31个省、市、自治区中，以人均GDP水平为标准，可以分为以下四类地区：

第一类地区，人均GDP超过12400美元，有3个地区：天津、上海、北京，全都为东部地区。

第二类地区，人均GDP近6000美元至9500美元（也就是高于全国平均水平5432美元），有8个地区：江苏、浙江、辽宁、广东、山东、福建、内蒙古、吉林。

第三类地区，人均GDP在4000美元至5300美元，有14个地区：湖北、黑龙江、山西、湖南、河南、江西、重庆、陕西、宁夏、新疆、青海、四川、河北、海南。

第四类地区，人均GDP不足4000美元，有6个地区：除中部地区1个（安徽）之外，还有西部5个地区（广西、西藏、甘肃、云南、贵州）。

按照世界银行2011年对不同经济体人均国民总收入的分组标准，12476美元及以上为高收入经济体，4036～12475美元为上中等经济体，1026～4035美元为下中等经济体，1025美元及以下为低收入经济体。

大体参照这个标准，我国以上第一类地区已接近或基本达到高收入水平，第二类和第三类地区大体处于上中等水平，第四类地区大体处于下中等水平。我国东部沿海的一些地区，随着人均收入水平的提高，经济增速已逐步下降；而中西部地区，人均收入水平提高的空间还很大，经济发展还处于较快增长阶段。

因此，全国从总体上来看，虽然潜在经济增长率要下降，但未来发展的空间还很大，这有利于潜在经济增长率下移过程中的平滑化。

王尔德：在潜在经济增长率下移过程中，经济增速的波动态势将会怎样？是不是经济增速一年比一年低？

刘树成：我认为，在潜在经济增长率下移过程中，就年度经济增长率来说，并不一定是直线下落的，年度间仍会有高低起伏波动。在未来一个时期内（5～10年），鉴于国内外经济环境的变化，特别是鉴于我国长期以来宏观调控的经验和教训，我们应该力求使我国经济波动走出一种锯齿形缓升缓降的新轨迹，即一两年微幅回升，一两年微幅回落，又一两年微幅回升，使经济在潜在经济增长率的适度区间内保持较长时间的平稳运行和轻微的上下起伏波动，这既不是简单的大落又大起的“V”形或“U”形轨迹，也不是大落之后很长时间内恢复不起来的“L”形轨迹。

王尔德：您如何看待投资、消费、出口三驾马车在未来拉动经济增长中的变化？在出口不景气、消费又不能快速提升的情况下，您对扩大投资有什么建议？

刘树成：我的建议是两个“重在”：第一，重在改善投资结构，选好投资方向。要将扩大投资与转方式、调结构有机地结合起来。转方式、调结构不是说说而已，而需一定的投资支持。第二，重在提高投资效率，充分发挥市场配置资源的基础性作用，发挥民间投资的作用。由此，才能解决好投资“钱从哪里来，用到哪里去”的问题。

二十年来第三次回升

王尔德：您如何评价这次经济增速回升的性质和意义？

刘树成：20世纪90年代初以来，在我国宏观经济波动中，GDP增长率曾有两次回升。第一次是1991年。1990年GDP增长率3.8%，是1978年改革开放以来我国最低的经济增长率，是对改革开放第一个十年快速增长之后的调整。当时社会上对整个经济能不能回升普遍比较悲观。结果1991年GDP增长率回升到9.2%，1992年GDP增长率达到14.2%。

第二次回升是2000年。在1999年亚洲金融危机中，我国GDP增长率降至7.6%，当时社科院曾提出，我国的经济增长与波动有可能进入一种“使景气上升期延长”的新态势，并提出“走出一条新的向上走势中的平稳轨迹”。结果，2000～2007年，我国经济增长率走出了一条新中国成立以来从未有过的连续八年上升的新轨迹。

现在，我们又面临着一次新的经济回升机遇，但国内外环境和前两次大不相同。一方面，国际金融危机的影响还在不断发酵，世界经济低速增长的态势仍将延续。另一方面，国内经济已由“高速增长期”进入“增长阶段转换期”，三十多年来近两位数的高速增长已告一段落，开始进入潜在经济增长率下移的新阶段。

2007年，当GDP增长率连续八年上升到14.2%的时候，中央曾提出“双防”，防止经济增长由偏快转为过热、防止价格由结构性上涨演变为明显通胀。随后，2008年第一、第二季度GDP季度同比增长率开始回落。接着在国际金融危机冲击下，GDP增长率又连续三个季度迅猛下滑到6.6%。

为应对国际金融危机，我国采取大力度经济刺激，到2010年第一季度，GDP增长率回升到11.9%，但没有稳住。之后从2010年第二季度到2012年第三季度，GDP增长率又出现连续10个季度的下滑。但从2012年9月起，我国经济运行的多项重要指标都结束了探底下滑，开始出现企稳回升态势。GDP季度同比增长率也在2012年第四季度出现回升，为7.9%。但经济回升的基础还不稳固。总的来看，经济态势还处于“乍暖还寒”的局面。我个人认为，要努力巩固和发展已出现的适度回升的良好态势。

2013年GDP增速可望达8.2%左右

王尔德：从2010年第二季度到2012年第三季度这一轮经济增速连续10个季度下滑，是趋势性因素还是周期性因素在起作用，或者是两种因素兼而有之？如果是兼而有之，那么哪种因素更强、更重要？

刘树成：所谓趋势性因素是指，决定经济运行在一个较长时期内基本走向的各种因素，比如劳动力、资本、技术进步等要素投入，资源禀赋因素，生态环境因素，体制机制因素，等等；而所谓周期性因素是指影响经济运行在短期内波动的各种因素。

如果认为这一轮经济增速下滑只是趋势性因素在起作用，而没有周期性因素，那么2013年经济增速就只能继续往下滑，而没有可能进入回升通道。因为人口红利逐渐消失，土地、能源、资源、生态环境等约束不断强化这些趋势性因素已决定了潜在经济增长率进入了下移阶段，“十二五”时期会下移，“十三五”时期会继续下移。

但实际上，这轮经济增速下滑是趋势性因素与周期性因素交织在一起，共同起作用的。当中可以说是趋势性因素的作用更强、更重要一些。但问题不在于哪个因素重要哪个不重要，而在于要把握它们各自不同的作用特点，及其不同的政策含义。

一方面，我们要重视趋势性因素的作用，加大转变经济发展方式和调整经济结构，积极推进改革开放和长效的体制机制建设，把握好一定时期内经济增速的中轴线，既不要过高，也不要过低地偏离中轴线。另一方面，要充分发挥宏观调控政策的逆周期调节和推动结构调整的作用，巩固发展经济适度回升的良好态势。目前，经济增速刚刚呈现企稳回升态势，还有一定的回升空间。但不需采取力度过大的刺激政策，只需要在继续实施积极的财政政策和稳健的货币政策中，适时微调、预调。

2012年GDP增速为7.8%。2013年可能回升到8.2%左右。如果2013年回升力度适度，那么2014年仍有可能继续轻幅回升。今后五年经济增速在适度回升中的上限把握是：一不引起经济过热，GDP增长率最高不要超过10%；二不引起明显的物价上涨，物价上涨率不要超过4%。

经济增速偏低也不利于转型

王尔德：从转方式和调结构的角度来看，您认为这次经济增速回升是否有利于我国的经济转型？

刘树成：我认为，经济增速太高不利于转方式和调结构，而经济增速偏低也不利于转方式和调结构。经济增速太高会带来高速度、高投入、高能耗、高物耗、高污染、高通胀，低技术、低质量、低效益的粗放型增长问题。这已经成为共识。经济增速偏低，会使宏观经济运行环境趋紧，带来一系列困难，比如企业利润下降，市场上弥漫悲观预期，国家财政收入增速下滑，还可能滞后影响企业职工收入和就业。

在我国目前的经济发展阶段，如果GDP增速连续两个季度或以上低于8%，工业企业利润就会出现大幅下降或负增长。比如，2012年前9个月GDP增速连续下滑期间，全国规模以上工业企业实现利润各月累计同比增速均为负增长，1～9月累计同比增速为-1.8%，比2011年同期大幅回落28.8个百分点。在这种情况下，企业是难以实现转方式和调结构的。

从国家层面看，2012年各月经济增速低位运行，全国财政收入1～12月累计比上年同期增长12.8%，比上年同期大幅回落12.2个百分点。这种情况下，需要财政支持的转方式和调结构，以及科学、教育、文化、卫生等各项社会事业，还有一些改革措施的推进等，都会遇到困难。

现在人们常说，要利用经济下行的“倒逼机制”加快转方式和调结构。实际上，“倒逼机制”的压力是在经济下行阶段产生的。也就是说，“倒逼”所要解决的问题是在经济增速低位运行时暴露出来的，而这些问题的解决则要在经济回升过程中。也就是说，“倒逼机制”的实现是在经济上行阶段。因为在经济回升的大环境中，企业经营状况改善，企业利润增速提高，原材料、机器设备等生产资料价格尚处于低位，信贷条件相对宽松，市场前景看好，市场信心恢复，这就有利于企业扩大投资，有利于企业转方式和调结构。

所以，我们要使已经出现的经济适度回升的态势进一步巩固和发展起来，为经济转型创造良好的宏观环境。

以城镇化为基点的新型回升

王尔德：这次经济增速适度回升，和以往的几次回升相比，性质和意义会有怎样的不同？

刘树成：我们要看到，在这次回升时，我国经济发展和宏观调控的理念发生了重大变化。这种理念的重大变化，新中国成立以来发生过三次。第一次是1958年提出“多快好省”。第二次是1992年提出“又快又好”。第三次是2006年提出“又好又快”，“好”第一次摆在了“快”的前面，或者叫“平稳较快地发展”。始终都包含一个“快”字。

而党的“十八大”，提的是实现经济“持续健康”发展，第一次把“快”字去掉了，更加突出了把经济发展的立足点转到提高质量和效益上来。所以，本轮经济回升不是简单地把经济速度搞上去，而是要实现尊重经济规律，有质量、有效益、可持续的回升，要实现实实在在没有水分的回升，要实现与转方式、调结构、促改革相结合的回升。

王尔德：您认为这一轮经济增速适度回升的动力源来自哪里？

刘树成：在这轮经济回升中，我们要牢牢把握扩大内需这一战略基点，而城镇化是扩大内需的最大潜力所在。2012年我国城镇化率达到52.57%，但这是按照城镇常住人口统计的，包括了在城镇居住半年以上的进城农民，这些人还没有完全融入现代城市生活。如果按城镇户籍人口计算，目前的城镇化率其实只有35%左右。而且我国城镇化质量还不高，城镇各种基础设施建设和社会事业发展都还跟不上。所以我国未来城镇化发展的空间还很大。

今后我国城镇化率的速度不会像1995～2012年这17年那样以年均1.38个百分点提高，但如果将按城镇常住人口统计的城镇化率从现在的52.57%提高到60%，即提高7.43个百分点，每年以0.7个百分点提高，那还需要10年。加上还要有序推进农业转移人口市民化，走集约、智能、绿色、低碳的新型城镇化道路，这就为中国未来5年乃至更长时期的经济发展提供了巨大潜力。

同时，城镇化也是转方式、调结构、促改革的聚合点。从转方式来说，城镇化有利于扩大内需，既能扩大消费，又能扩大投资。在一定时期内对投资的扩大作用可能更大一些，因为要为进城农民和他们的家属提供相应的产业岗位和就业机会，提供相应的公共服务，这些都需要投资。

从调结构来说，城镇化有利于区域经济结构和产业结构的优化升级。从促改革来说，城镇化涉及户籍制度、土地制度、收入分配制度、社会保障制度、投融资体制、基本公共服务体制等多方面的配套改革，需要在改革攻坚中推进。

（本文载于《21世纪经济报道》2012年9月26日6版和2013年2月20日2版）

第六章

亚洲复兴时代即将到来

马凯硕：
亚洲复兴的时代即将到来

马凯硕，新加坡国立大学李光耀公共政策学院院长，被认为是新加坡内阁资政李光耀第一智囊，任职新加坡外交部长达三十余年，曾担任新加坡常驻联合国代表、联合国安理会轮值主席。《时代》杂志称他是“21世纪领袖的代表人物”。

“西方称霸世界史的年代已近尾声，亚洲社会正以势不可当的力量东山再起。亚洲文明复兴的时代即将到来。”这正是新加坡国立大学李光耀公共政策学院院长马凯硕新书《新亚洲半球：势不可当的全球权力东移》的核心主题。作为新加坡内阁资政李光耀的重要智囊，马凯硕对西方和亚洲有深刻的研究，其见解引起了各界人士的关注和思考。其新作《新亚洲半球》从非西方的视角来看世界，让身处西方的9亿人来欣赏其余56亿人的观点。

有着“21世纪领袖的代表人物”和“亚洲价值发言人的”盛誉，马凯硕本人的成长之路俨然就是亚洲崛起的个人版。一个印度裔少年，在新加坡成长，生活在华人和马来人堆里，正是亚洲多样性的具体体现；与西方文化亲密接触，接受英式殖民教育，研习西方哲学，所以清楚西方模式的优劣；经历过“热战”和“冷战”，在新加坡做外交官长达三十余年，又见证了亚洲国家的发展和进步，所以他才会对全球权力东移的预言和亚洲复兴信心满满。

马凯硕在2010年12月11日来北京访问之际，接受了本报记者的专访，不管是从中国前三十年的改革得失，还是亚洲复兴过程中的机遇和挑战，抑或全球共治模式的倡导，他纵横捭阖，始终慷慨激昂，对于亚洲未来的信心溢于言表。

“全世界都应该学习中国”

王尔德：您认为，中国前三十年改革有哪些经验和教训？

马凯硕：中国非常成功，但是成功也会带来问题。北京每天都会增加几千辆车，会对交通和马路造成负担，应该通过制定价格机制等措施来改善这些问题。所以我觉得中国现在最需要考虑的是环境问题，不仅要保证经济的发展，更重要的是人民的生活质量。

王尔德：新加坡国立大学东亚研究所所长郑永年说过，中国未来的政治改革应该学习新加坡人民党的经验。您认为具体应该学习哪些方面？

马凯硕：新加坡党有选举，每五年有一次免费选举，但是它并不是90%的人支持，一般都是60%支持，40%反对，所以不可能让所有人都满意。但是如果你能让大部分人满意，而且不断提高人民的生活水平，那么民众就会投票支持你。人们选择政党，是因为它取得了好政绩。

此外，新加坡没有腐败问题。新加坡是最廉洁的政府。只有严厉打击腐败问题，才能抑制问题的产生。在这方面，中国取得了巨大进步，但仍面临创造一个适用于所有公民包括共产党人在内的法制环境。

王尔德：亚洲的其他发展中国家，从中国的改革中可以吸取哪些经验和教训？

马凯硕：老实说，我觉得全世界都应该学习中国。美国和欧洲都应该看看中国如何保持9%的增长率，如何投资教育，如何建造基础设施。在美国时，从肯尼迪机场乘车到纽约，我觉得自己是在第三世界国家，而我在北京或者上海机场的时候，我觉得自己是在第一世界国家。美国已经不再投资基础设施了，当你经过曼哈顿的桥，你会觉得很危险；而美国的地铁系统已经非常陈旧了；而且火车的速度非常缓慢，不是晚点就是取消了，一点都没有保障。

投资教育和基础设施，不仅是亚洲其他发展中国家，也是西方国家应该向中国学习的地方。

腐败和领土争端是亚洲复兴的主要不确定性

王尔德：世界金融危机给全球权力东移带来了什么实质性的影响？

马凯硕：世界金融危机迅速推动了全球权力东移。因为它揭示了根本的西方经济结构缺陷，美国和欧洲一些国家都已经入不敷出并开始举债生活了，但是他们不能永远靠举债生活，否则未来会遇到很多挑战。与此相反，亚洲国家拥有最大的存款量，有了存款就能未雨绸缪，对未来的变动有所准备。这就是为什么亚洲国家的管理更加优越，为将来做的准备更加充分。

同时，我个人觉得美国的最大问题是他们认为市场知道如何掌控一切。美国的前总统里根曾经说过：政府不是解决问题的途径，政府本身就是问题。美国认为政府不应该插手市场，市场应该自裁，这恰恰是最大的错误。

如果想要市场运行良好，就需要政府来调控市场。不幸的是，里根的这个想法也是很多美国决策者的想法，格林斯潘就是很好的例子。他在任职期间没有做好调控市场的工作，所以很大程度上他要为美国的这场经济危机负责。

王尔德：原摩根士丹利亚洲区主席斯蒂芬·罗奇对亚洲持有一种谨慎的乐观，他认为，全球权力似乎在发生某种东移，但亚洲依然是发展中的亚洲，充满着很多不确定性。您如何看待亚洲未来复兴过程中的不确定性因素？

马凯硕：复兴过程中总会有很多不确定性。美国和欧洲的未来，以及亚洲的未来都有不确定性。亚洲国家对一些基础问题非常重视，比如说教育问题。现在亚洲人民的教育水平在上升，而美国民众的受教育水平在下降。现在美国大学的毕业率相当低，美国中等程度大学的毕业率也就是50%，最近经济合作与发展组织（OECD）开展了国际学生评估（PISA）的调查，而首次参加评估的中国上海在阅读素养、数学素养和科学素养三项评价中均排在第一位，美国没有一个城市入榜。由此可见，西方很多国家忘记了成功的最基本要素。

诚然，亚洲很多国家的腐败问题非常严重。腐败是非常危险的，如果人民看到钱财被个人侵吞，他们就会失去信心，无心工作，对社会不满，引发社会动荡。所以阻碍亚洲发展进步的头号敌人是腐败问题。这也就是为什么我们需要强硬的政府，如此才能对抗腐败。

另外一个方面，就是我所说的地缘政治。亚洲国家之间存在敌对关系，现在亚洲是和平的，但是它一旦起了冲突，那情况就会很糟糕。所以，当务之急我们必须学会如何处理国家之间的关系。

王尔德：在亚洲尤其是东亚和东南亚地区，领土争端很多，这样的事情对亚洲各国迎接全球权力东移有哪些影响？这些影响如何消除？

马凯硕：亚洲应该学习欧洲，在这方面欧洲做得比我们好。第一次世界大战和第二次世界大战都是在欧洲发生的，尽管如此，现在欧洲没有任何战争，而且你也看不到战争的迹象。英国和法国再也不会大战了，英国和德国也是如此。我们亚洲也应该具有同样的态度，我们未来也不应该有战争，没有任何机会发生战争。事实上，军事冲突不能解决任何问题，美国作为世界上军事力量最雄厚的国家也不能打败伊拉克这样的小国家。为此，我们必须找到一个非军事的方法来解决问题。

这方面我们可以向西方学习，北美和欧盟今天实现战争零预期，相信我们也可以。我们成立的东盟，旨在促进地区间的合作，而且已经在外交领域做出了突出贡献。因为宗教种族语言文化和历史等方面的多样性，东南亚严重分裂，不过事实上东南亚没有发生西方预期的战争，它们都为了该地区的繁荣与和平的共同愿景而努力。另外，东盟为新亚洲势力得以和平显露做出了重大贡献。

总之，大战，必定有一方胜利一方失败；而经济的竞赛，可能对双方都有利。比如中国卖发电站给印度，会有200多亿元的交易，中国会获益；同时，印度要卖给中国软件，这样双方都获益。

中印两国在文化上强调亚洲的独特之处

王尔德：那么您认为，中印两国作为新兴市场的代表国家，在发展方式上有哪些不同？

马凯硕：首先，在政治制度上中印是不同的。当然，两种体制各有利弊。印度体制优点是政治稳定性更强，缺点是执政党很难做出不受群众欢迎的决定。中国体制的优点是有着强有力的领导和决策体系。我认为中国改革开放三十年的成就，与中国政府可以集中力量办大事，动员资源，管制生产要素成本，发展对外开放是分不开的。比如在基础设施建设投资方面的决定就坚决而快速，这是印度应该学习的方面。但是长期来看，中国这种靠资源投入支持的高速增长的可持续性也是需要探讨的。所以，短期中国会有优势，长期印度有优势，双方应取长补短。

王尔德：您认为中印的发展是仍然遵循着西方的模式，还是在探索自己的增长路径？

马凯硕：我认为答案是二者兼具。它们一方面借鉴西方自由、法治的智慧，不断强调经济开放、改革，以更好地参与到国际化的分工合作和激烈的竞争中。邓小平伟大的改革开放，强调发挥中国的比较优势是印度应借鉴的宝贵经验。另一方面，它们并没有被“文化殖民”。事实上，它们在政治、文化上越来越强调其亚洲的特性。比如中国就一直强调走符合自身实际的道路。关键是怎样选择一条正确的道路。

王尔德：“中印共同体”（Chindia）这个概念曾经流行一时，而现在这个概念已经很少被人提起。您如何看待未来的中印双边关系？

马凯硕：我认为在未来中印关系会合作大于争端。中印作为新兴经济体有很多共同利益。例如，气候谈判的合作。在哥本哈根气候大会上，中印同意西方国家应承担更多减少温室气体减排的责任，而不应将责任转移到发展中国家。另外，在WTO谈判上，中印也有合作。中印在减少西方农业补贴上也有相同利益，应加强合作。

亚洲的崛起存在悖论

王尔德：在亚洲东部和东南部的领土冲突是否会影响亚洲崛起的步伐？如果会的话，会在哪些方面有影响，这些影响怎样被消除？

马凯硕：首先，我不想将这些争端（dispute）称为“冲突”（conflict），因为冲突一般会跟武力战争联系起来。其实，现在正在发生的是争端与异议（difference）。从世界范围来看，争端到处都有，比如美加之间、阿根廷和英国之间的领土争端。关键是你如何掌控这些争端。在亚洲，许多国家现在都会通过国际法院（International Court of Justice，以下简称ICJ）解决。例如，新加坡和马来西亚对中岩礁和南礁的归属有问题，就曾提交ICJ解决。所以我认为亚洲国家应当继续通过国际法庭的方式解决争端。

王尔德：您曾在《新亚洲半球》一书中说过亚洲正在经历“去西方化”的过程，而你也曾说亚洲的崛起得益于借鉴了西方的自由市场和法治建设，这是否矛盾？

马凯硕：我想说在英语里面有个词叫作“paradox”（悖论）。一方面，亚洲国家成功地借鉴了欧美的智慧；同时，它们经历了非西化的现代化过程。我来举一个例子。在印度的一个州政府的选举中，一个年轻的政客通过向大家承诺给每人发免费的笔记本电脑而赢得选举。这种竞选方式可以称其为西化的。但同时，这位年轻政客虽然可以说流利的英文，但在竞选时他用的是印度语。从这个例子可以看到，一方面他接受了良好的西方教育，通过发电脑这一西方的竞选方式来拉选票；另一方面他使用印度语演讲以贴近群众。很多亚洲国家都有相似的例子。这两者并不矛盾。

王尔德：面对亚洲的崛起，您认为欧美将会如何回应？

马凯硕：我认为欧美仍未能明确提出长期应对亚洲崛起的策略，它们甚至有些自相矛盾。一方面，它们欢迎亚洲的经济崛起，因为它们也从中获益。我在《新亚洲半球》里提到过，如果将从上海到孟买的现代化经验复制到北非和中东，欧洲将极大获益。所以，欧洲应放下傲慢情绪，多学习亚洲经验。

另一方面，它们意识到中印等亚洲国家崛起会使它们失去一些权力。我们看到当欧元区在主权危机上挣扎时，中国经济却以近9%、印度约8%、新加坡更是以15%的速度增长。当2012年卡恩从IMF总裁的位子上卸任时，欧盟坚持推选另一个法国人接任。“金砖五国”就此发表联合声明，敦促放弃IMF首脑必须来自欧洲的“过时的不成文规定”。这是欧美国家希望巩固它们过去权力的特征。我想说的是，类似的规则都是会发生改变的，权力正在悄然向亚洲转移，未来欧洲和美国不会再在这些职位上垄断、世袭。

总之，如今的欧洲应该放下以前动辄布道和干涉亚洲的做派，转而向亚洲学习，然后欧洲在北非和中东不稳定的地缘政治梦魇才会开始消除。

“亚洲复兴是大势所趋”

王尔德：在亚洲复兴的过程中，中国与“东盟十国”各扮演什么角色？

马凯硕：好消息是很多亚洲国家都在复兴，主要是中国和印度。而再过两千年最大的国家就是中国和印度，所以这是非常正常的，中国和印度将会重新成为世界上最大的国家。其他的国家韩国和日本也非常成功，越南和印度尼西亚也发展迅速，所以发展机遇都非常好。但我唯一担忧的是巴基斯坦，如果国内的宗教问题激化，对于邻国包括印度和中国在内都会有影响。所以，我觉得巴基斯坦应该学习中国的现代化建设，学习中国的具体做法，向世界敞开，巴基斯坦也应该更加全球化。

毫无疑问的是，我认为，25年后世界最大的经济体前4名将有3个在亚洲，这前4名分别是中国、印度、美国和日本。亚洲的复兴是大势所趋，势不可当的。

王尔德：在亚洲复兴的过程中，您如何看待亚洲与亚太的关系，尤其在当下美国重返亚洲的国际背景下？

马凯硕：对美国来说，欧盟是过去，亚洲是将来。欧洲的确是繁荣的，但是它的发展停滞不前了，而亚洲的经济在迅速发展。美国的经济面临了很多问题，如果它和亚洲结合的话，经济也会快速发展。

美国对于亚洲的复兴也提供了很多帮助。亚洲很多学校的建立是在和美国合作的基础上建立的，或者说是学习了美国的经验。新加坡国立大学过去是英国式教育模式，现在更像是美国式教育，所以继续向美国学习也很重要。

当然亚洲和亚太之间也存在问题，但是有问题并不奇怪，关键是你如何不断地沟通和讨论，解决好这些问题。

亚洲梦在文化上不同于美国梦

王尔德：你的个人成长之路，更像美国梦，那么在未来，亚洲的崛起或将催生一个亚洲梦，你认为亚洲梦和美国梦内核上有什么区别？

马凯硕：亚洲梦和美国梦的区别是文化上的。美国是如此强大，它的美国梦成为了世界上所有人的梦；但现在随着亚洲的复兴，情况改变了。比如，中国变得富裕之后，很多人就想更好地了解中国文化；同样，印度发展了之后，人们也想更好地了解印度文化。那么，这就是我们说的亚洲复兴，这将会是亚洲历史上具有创造性的一面。

相比于美国梦中的平等自由民主，其实人权不属于任何文化，它属于所有人，是全球共同的价值观。而诺贝尔经济学家阿马蒂亚·森（Amartya Sen）在他的《惯于争鸣的印度人》一书中谈到，很多价值观，比如文化中的宽容，往往是由亚洲首创的，所以很多都不是西方价值观，而是亚洲价值观。

王尔德：亚洲的发展道路上，如何处理多元文化和复杂历史背景带来的矛盾？

马凯硕：亚洲应该意识到这是我们最好的发展时机，不要因为一些冲突而失去了发展机遇。亚洲的多元文化要共存，而不能像美国文化一样成为“大熔炉”。我们互相学习对方，尊重文化和学习文化的多样性。

王尔德：您下一本书的主题是全球共治，您能描述一下你这个模式吗？

马凯硕：全球共治，意味着世界变得越来越小。可以用一个比喻来解释，过去190多个国家就像是190多艘船；而现在我们190多个国家是坐在同一艘船里的190多个房间里，我们有政府来管理房间而不是这一艘船。

（本文载于《21世纪经济报道》2011年3月4日16版和2012年4月23日28版）

李侃如：
美国在亚洲最大的挑战是能否解决国内问题

> 李侃如，1943年出生，美国著名中国问题专家，现任布鲁金斯学会约翰·桑顿中国中心主任，以及外交政策项目和全球经济与发展项目资深研究员。曾任国家安全事务总统特别助理兼国家安全委员会亚洲局资深主任（1998—2000）、奥巴马竞选团队中国政策顾问。著有《治理中国：从革命到改革》（该书已由中国社会科学出版社在2009年翻译出版）、《历史转折：奥巴马的外交政策》和《治理的挑战》等著作。

“奥巴马总统强调美国致力于在亚洲扮演领导者的角色，他并没有说美国谋求领导亚洲（to lead Asia）。”在接受本报记者的采访过程中，美国布鲁金斯学会约翰·桑顿中国中心主任李侃如（Kenneth Lieberthal）特别强调。

在他看来，两者区别很大，后者的意思是，美国的目标只是对亚洲国家发号施令，并要求这些国家领命行事，但是美国并没有这样的目标，而前者意在表明美国将积极参与亚洲事务，并鼓励亚洲国家，在贸易、政治、安全，或者其他各方面，与美国一道共同寻求有利于区域发展的解决方案。

李侃如认为，在努力扮演“领导者的角色”过程中，美国遇到最大的挑战不是来自中国，而是来自国内，“美国最大的问题是财政赤字问题”，如果这一问题不能妥善解决，其后果可能会非常严峻。

显然，美国在亚洲的挑战不限于此。他在一篇文章中指出，尽管美国描绘了一个在亚洲的长期战略图景，但问题的关键和麻烦之处在于美国是否具有实施这一战略的资源和能力。

他进一步指出了美国在执行亚洲战略时遇到的具体挑战，除了美国能否从当前的财政危机中反弹走上健康财政之路外，还包括在美国经济增长疲弱的背景下，亚洲国家是否愿意拿与他们最大的贸易伙伴中国的关系作为赌注，加入一个中国可能不欢迎的跨太平洋伙伴关系协议（Trans-Pacific Strategic Economic Partnership，以下简称TPP）。美国国防在未来可能面临超过1万亿美元的预算削减，这是否会削弱其在亚洲的军事力量。

诚然，尽管李侃如认为，中国不是美国在亚洲遇到的最大挑战，但中美关系仍是美国在亚洲外交的焦点和重点。他首先对中国能否成为一个超级大国持谨慎态度，继而表示，中国应该在共同利益的基础上，消除由来已久的互信赤字。

在上文提到的发表文章中，李侃如指出，美国重返亚洲并非试图越界与中国对立，并非仅仅旨在对抗中国，而是具有双重目标：明确并加强与中国的合作关系的同时，在亚洲建立强大、可信赖的存在基础，既能正向刺激中国的行为，也能让其他亚洲国家有信心不向中国低头。

尽可能地整合外交、经济和军事元素

王尔德：奥巴马自诩为亚洲首位太平洋总统，那么您认为他上台之后新

时期亚洲地区对美国的国家安全战略有哪些意义？美国在亚洲的战略布局有哪些特点和新变化？

李侃如：我认为美国是从多方面来理解、使用“安全”这一理念的。安全并不仅仅局限于军事安全，而是军事、外交和经济三者的结合。问题是，哪一个可以增强美国在未来最广泛意义上的安全。

在这一点上，奥巴马总统从一开始就表明，亚洲地区，包括南亚、东南亚、东亚和东北亚，是全球最具活力的地区。因此，对美国而言，也是世界上最重要的区域。

所以，我认为，奥巴马总统是在这种宽泛的概念下来定义亚洲地区在美国国家安全战略中的地位的。

在我看来，这一战略呈现出的新特点是它对亚洲采取了相对综合而全面的策略，尽可能地整合外交、经济和军事元素。

我知道，军事方面在中国得到了广泛关注。实际上，尽管相比之前的预算，美国正着力削减未来在全球范围内的军事开支，但奥巴马政府之前已表明过不会减少在亚洲地区的军事力量。所以，即便现在美国声称亚洲不会受到美国削减军事预算的影响，但这其实算不上美国对亚洲新的军事承诺。

相反，我们在经济和外交方面看到一些新的举措。比如说，在经济方面，美国积极推进TPP，积极鼓励亚洲主要经济体参与其中。

在外交方面，奥巴马总统参加东盟峰会，出访印度尼西亚、澳大利亚都有着重要意义。这一系列举措旨在突出下面几个关键点：第一，美国认为亚洲的区域问题有着较高优先级别；第二，美国寻求在亚洲地区长期扮演领导者的角色（leadership role）；第三，美国有能力创造并且实施区域一体化战略。

王尔德：有观点认为，在亚洲地区，为了确保其领导地位，美国虽然也在采取包括经济和外交在内的多元化的手段，但更多的还是依靠军事策略而

非经济和文化策略。对此您怎么看？

李侃如：我觉得应该不会有人会提出这样的观点。太平洋司令部确实是美国军事系统中最大的区域司令部，但它所负责的区域，人口占全球半数以上，地域上也最为广阔。所以美国在这一地区布置更多军事力量也不足为奇。

美国在这一区域拥有军事同盟，并且建立了许多军事合作关系。所以，我们在这一区域举行军演时，往往会有十余个国家参与，而不是仅仅几个前盟友。

但我认为，美国也大量参与这一区域的经济和外交事务。正如我之前说的，我们把“安全”视为一个综合的概念。军事是其中不可忽略的重要一环，但我们从不认为仅靠军事就足以实现“安全”这一目标。

所以，你在问题中所提到的判断很明显是错误的。至于美国是否在整体的安全战略中过多地侧重军事战略，我想这很难回答，但我仍要强调，美国非常重视经济、文化在外交中的作用，这也是美国与各国交往所秉持的外交理念。

美国眼下最大的问题显然是财政赤字问题

王尔德：在您看来，美国希望在亚洲扮演什么角色？

李侃如：我要评论的一点是，奥巴马总统强调美国致力于在亚洲扮演领导者的角色，他并没有说美国谋求“领导亚洲”（to lead Asia），这两种表述有很大区别。

“领导亚洲”传达的信息是，美国的目标只是对亚洲国家发号施令，并要求这些国家领命行事。我们并没有这样的目标。奥巴马所说的“领导者的角色”，表明美国将积极参与亚洲事务，并鼓励亚洲国家，在贸易、政治、安全，或者其他各方面，与美国一道共同寻求有利于区域发展的解决方案。

换言之，美国将扮演积极的角色，鼓励亚洲在整体上取得良好的发展结果，而不是对这一区域发号施令。美国不具备，也无意谋求拥有这种能力。

王尔德：美国在重返亚洲之后，在亚洲面临的最大挑战是什么？是日本经济政治的停滞导致美日之间无法联手，还是中国的崛起对美国领导权的挑战？

李侃如：我认为美国最大的挑战来自国内问题。在我看来，美国在避免大的国内问题上从来没有特别成功。当然，美国的一大特点就是，当问题出现以后，我们总是能采取必要的变革，来应对我们面对的巨大挑战。这得益于我们灵活实用的制度机制。每次危机过后，所有的调整和改变都让美国变得更加强大。

当前，美国所面临的问题是，我们是否有能力再做到这一点，我们能否做出必要的调整，有效地解决关键问题。

美国最大的问题是财政赤字问题。这一问题还没到迫在眉睫的程度，我们能够轻松解决目前的财政赤字。但很明显，除非我们现在或今后两年采取有效措施扭转事态，否则不出十年，这一问题将变得十分严峻。

单是GDP不足以让中国成为世界“超级大国”

王尔德：新加坡国立大学李光耀公共政策学院院长马凯硕认为，中美之间正在发生权力转移。那么，您认为中国是否可能成为与美国平起平坐的超级大国？

李侃如：我认为美国之所以能成为超级大国，可归结到几个方面：美国是世界上最大的经济体；拥有世界上最大、战斗力最强的军事力量；积极参与国际事务。

但归根结底，美国之所以有能力扮演这些角色，我认为主要基于以下几个方面：美国拥有迄今为止世界上最优秀的高等教育体系；世界第一流的创新机制；世界上最有能力的资本市场，包括风险投资；充满活力的公民社会；深厚的法律传统和法律意识。

此外，美国人口年龄分布较为均衡，劳动适龄人口与负担人口的比例合理，并且这种均衡状态能够持续相当长一段时间；美国也拥有相对丰富的自然资源。

正是上述种种条件的结合，才促使一个国家转变成真正的超级大国。

很明显，如无意外，中国的国内生产总值（GDP）会在10～25年的时间里占据世界第一。GDP是（国家实力）一部分，但这部分并不足以让中国成为与美国平起平坐的超级大国。

这个问题的另外一面是，美国是否会开始衰退。这就回答了前面的问题。衰退与否都不是必然的，这取决于我们能否做出亟须的政治、社会决策，让金融体系重回正轨。

如是，则美国在未来相当长一段时间里，仍能继续保持世界强国地位；否则，美国实力减弱，其他国家实力则相对上升。

王尔德：显然，在亚洲地区，中国和美国都要扮演重要角色。那么您认为，中国和美国之间有哪些共同利益点？

李侃如：坦白说，我认为两国共同利益几乎无处不在。中美两国都希望亚太地区经济繁荣，和平稳定，消除疾病（如禽流感），减少环境污染。各国都能在世界经济一体化中获得利益，取得技术进步。

在所有这些方面，中美两国目标应该极为相似。但我们所面临最大的问题是，两国缺乏互信。无法相信对方，也就无法顺利合作，也会造成双方消极解读正面信息。这是一个很严重的问题。

所以谈及两国共同利益，客观来说，我认为两国在这一区域应该有可能基本上达成建设性的、均衡的双赢局面。但问题是我们并不清楚，这究竟是不是双方都想要的目标。因为目前我们需要更有效地解决两国由来已久的互信赤字。

亚洲一体化应更多着眼于政治与安全

王尔德：您如何看待未来亚洲一体化的进程？

李侃如：欧洲一体化相比亚洲一体化，历史更为久远。各国签订了正式的区域间协议，拥有明确的权责义务。

欧洲一体化始于20世纪50年代，迄今为止，一直是一个循序渐进的过程。经历了20世纪的两次世界大战的创伤，欧洲人强烈地希望避免战争。在欧洲一体化过程中，缔约国自愿签订具有法律意义的条约。

欧洲一体化的完成尚待时日。其中一些措施，例如货币同盟，眼下正经历着巨大的考验。

亚洲一体化近几年才开始出现。二十年前，亚洲的多边组织力量薄弱，数量也寥寥无几。但在过去二十几年的时间里，事情发生了极大变化，出现了大量多边组织，如东盟（ASEAN）、亚太经合组织（APEC）、东亚峰会（EAS）、上海合作组织（SCO），等等。

亚洲一体化仍处在初级阶段，一体化进程目前主要集中于经济方面。亚洲一体化不是经由签订条约来实现的，而仅是通过贸易和投资。

严格意义上的亚洲一体化应该不仅局限于此，而应更多着眼于政治和安全角度。所以亚洲一体化程度非常有限。

从经济角度来说，亚洲在某些方面正处于一体化进程中，但并不是在整个区域范围内，所以亚洲一体化尚处于初级阶段。

（本文载于《21世纪经济报道》2012年3月21日18版）

张宇燕：全球新格局下的中国战略

张宇燕，中国社会科学院世界经济与政治研究所所长、研究员、博士生导师，外交部政策咨询委员会委员，中国世界经济学会会长。长期从事制度经济学、国际政治经济学和货币史等领域的研究。

随着世界经济力量对比的巨大变化，发展中国家和发达国家之间在国际规则、制度上的博弈将更加激烈。在张宇燕看来，以前是发达国家主导国际规则的制定，但以后在规则制定上，中国和其他发展中国家一道，将会提出更多的诉求。

张宇燕指出，在新一轮的再全球化过程中，作为一个负责任的大国，中国在积极参与国际事务方面，可以在包容性发展问题上多做一些文章，也就是说让更多的发展中国家分享到中国发展的果实，比如说中国可以向周边及非洲、拉美等发展中国家开放市场，甚至实行单方面的零关税政策，为它们提供更多的发展机会。

2012年是人类历史上的一个转折点

王尔德：您曾经提到，从全球范围来看，包括美国在内的世界发达国家普遍都进入了“日本化”时期。那么如何理解“日本化”趋势？您预测，这一时期将持续多久？

张宇燕：“日本化”这个词不是我发明的，是我借用日本一位副部长的说法。2012年9月我去日本访问，日本的一位副部长提到，他去美国和欧洲访问回来，发现主要的发达经济体都进入了“日本化”的状态，这种状态主要表现在四个方面：债务居高不下；传统的货币政策没有空间，就用非常规的货币政策来刺激经济；人口老龄化严重；国内政治上的分裂。

我认为他说得很有道理。“日本化”前述四个因素的结果，即发达国家将长期陷入经济中低速的增长，即GDP年均增速在2%～2.5%之间。

至于说这个趋势要维持多久，我没有做定量的研究，但是从现有的各种状况来判断，比较保守地估计，可能至少要持续3～5年。如果时间长的话，也可能会8～10年。

这也符合美国人自己的估计。比如美国国民经济研究局的一些经济学家计算美国未来10年潜在经济增长率就是2%～2.5%。所谓的潜在经济增长率，就是要考虑到劳动力供给、全要素生产率提高、资本投入等因素，来判断经济的长期增长潜力。

我认为，对包括美国在内的发达国家而言，GDP增速再回到3%或者以上的可能性不大。当然，短期超过3%也还是有可能的，比如今年美国第三季度增速就是3.1%，不过，经过调整之后可能就是2.8%或者更低。

王尔德：发达国家陷入“日本化”，这对世界政经格局将会产生什么影响？

张宇燕：这种影响取决于我们怎样来定义格局。我认为，格局的最基本的含义是大国之间力量对比的变化，以及由此决定的大国间的相对稳定的关系，并集中体现在国际制度和规则的制定权上。

如果未来发达国家每年保持2%～2.5%的GDP增速，中国增速保持目前7.5%左右的态势，这意味着两者之差是5个百分点，那么在七八年之后，两者力量对比的变化就会越来越明显。从经济实力上来看，发达国家的经济实力相对就要减弱，发展中国家就会有提升，特别是中国。

我初步根据预测数据换算，2012年中国的GDP，按购买力平价计算，大概是美国的3/4；按照市场汇率计算，将超过美国的一半。而2000年中国的GDP，按市场汇率计算只是美国的15%，12年之后这一比例已经达到50%了。这种经济实力的提升非常显著，再有七八年，也就是到了2020年，按照购买力平价，中国经济实力达到或者超过美国的水平，是不会让我感到震惊的。

发达与发展中国家实力对比的变化是十分显著的。其在国际规则、制度上的博弈也将更加激烈。以前是发达国家主导国际规则的制定，随着力量对比的变化，在规则制定上，我们可能越来越能看到中国和其他发展中国家一道，提出更多的诉求。

2012年“金砖四国”在新德里召开的德里峰会上发布了德里宣言，对未来国际全球治理，特别是在货币金融领域，提出了很明确的诉求，比如2012年年内，要求发达国家落实国际货币基金组织和世界银行的投票权和份额改革，2013年1月启动下一轮计算公式的谈判，为进一步调整投票权和份额做准备。

总体来说，发展中国家以前奉行韬光养晦、不当头、不举旗的政策，是国际规则的接受者而不是挑战者。但是现在则有所变化，尽管将来我们不挑战现行国际规则，但也不会无条件地接受。

中美能否带头做一些大事

王尔德：2012年中美两国都完成了换届，这对未来的中美关系会产生哪些影响？

张宇燕：我认为，换届对两国关系影响不会很大。也就是说，美国对华政策不会有太大变化，同时我们对美国的政策也不会有太大变化。

得出这一基本判断，是因为中美之间关系的基本架构摆在那里，现在有那么多的沟通机制和通道，官方和非官方的都有，更重要的是保证中美关系总体稳定的基石还在，比如我们双方谁都不想侵占对方的领土，我们都是核国家，我们在经贸和金融上相互依存度非常高，我们稳定的关系对全球影响巨大，从而意味着我们对人类有共同的责任，想要撼动这些基石的难度也是非常大的。当然，中美可能还会在一些问题上继续争吵，但不争吵也不正常。对此我们也不必大惊小怪。前不久，法国央行的一位高官对我讲，七国集团开会时的氛围，和G20完全不一样，大家常常互相指责。我举这个例子就是想说，大国之间，特别是一个既成的大国和正在崛起的大国之间，出现磕磕绊绊和矛盾对立是自然的，指望它们在所有问题上和谐相处是不现实的。

值得我们努力和期待的是让两个国家建立稳定的沟通渠道和机制，目的在于出了问题时双方能心平气和地坐下来，共同解决问题，而不是相互指责。这是两国需要努力完善的问题，也是我对美国的期待。

王尔德：有观点认为，过去和以后很长一段时间内，中美两国关注的重点也有所不同。中国最关心的是国内发展，希望美国不要干预中国内政；而美国则关心的是中国的国际影响，担心中国影响美国全球霸权。对此您怎么看？

张宇燕：两个国家的关注点肯定是不一样的。中国面临的主要问题还是国内发展，推进工业化和城镇化，这是历史进程中必经的发展阶段。同时，还要完成其他的很多重大转型，比如计划经济向社会主义市场经济转变，从几千年的人治到社会主义法治的转变。这几件大事，都与发展息息相关。

长期以来我们把外部更多地当作国内发展的条件和影响因素。中国的发展需要外部世界，不但需要世界的市场、资源、技术，还需要外部的理解和支持。中国人均GDP的提高，势必对世界产生很多外部性的影响。我们已是第一大钢材生产国，但是我们人均钢铁存量4吨，而美国人均钢铁存量是24吨。不要说我们和美国一样，即便达到美国的一半，也意味着需要100亿吨钢才能满足中国的需求。

时至今日，外部世界已经不能仅看成是条件。中国的经济体量已经如此之大，速度加快或者减缓，对全球影响很大，已经成为影响外部环境的一个重要变量了。这种对世界的影响既有正的外部性，也有负的外部性，所以中国也要有世界眼光。很多国家搭上中国的便车也发展得很好，但同时也会受到一些负面的影响，比如给其他国家带来竞争压力。当然，不同的国家不同群体受益情况也不一样。

总之，中国需要经历一个观念或思维方式的转变，即在关注国内的同时，也要把自己置身于世界。在全球化时代，各国相互依存已经达到了极高的水平。

需要说明的是，世界不是一个充分竞争的市场，而更像是一个少数大国起主导作用的寡头市场。美国从“二战”后成为世界霸主，就开始以全球眼光看待世界了；中国则一直注重国内建设。因此，两国关注点的差异一直存在。

全球新格局下的中国战略

随着中国经济的迅速发展，部分美国人觉得中国“威胁”到美国利益了。但是我觉得他们是有点多虑了，总觉得中国隐藏了一些意图。我和一些美国同行交流过对这个问题的看法。他们问我们的发展意图是什么，无非是广大普通的中国人想过更好的日子，住更大的房子，有汽车还要开好车，孩子有更好的教育，可以出国留学、出国旅游，有好的医疗，退休以后有可靠的生活保障，这就是我们发展的意图，这是广大中国人民希望得到的，我觉得这和美国人民的意图没什么区别。当然我们实现的方式不一样。其实，有些冲突或矛盾是臆想出来的。

中美之间的一些冲突还有一部分是由利益集团有意促成的。中国的发展在美国既有受益者，也有受损者，因而有各种各样的声音。这很自然。美国现任政府重新当选之后，对华政策如果有什么变化，其变化还是国内不同利益集团在博弈中谁将占上风。

两国关系还需要慢慢磨合。我一直有一个想法，中美能否带头做一些大事？比如在自由贸易方面带头实行零关税，在对商品和服务贸易实施零关税的同时，也把那些非关税壁垒去除掉。

中美两国都需要经济健康稳定快速增长。

长期经济增长说到底就取决于劳动生产率的提高，而实现劳动生产率的提高不外乎三个主要途径：第一是技术进步。第二是在技术没有进步的情况下，亚当·斯密所说的自由贸易的收益。两国都生产两种产品，你生产A效率高，我生产B效率高，那我就专门生产B，你专门生产A，然后我们进行交换，由于要素集中于更有效率的产业，并相互交换，提高了整体劳动生产率，社会福利就改进了。这表明，中美之间的自由贸易是对双方都有益的。第三个提高劳动生产率的途径是制度创新，好的制度安排和技术进步与要素流动密切相关，因为制度创新提供激励，降低交易成本。所以我觉得，在制度设计方面，特别是在全球治理方面，中美可以做许多对双方和世界均有益的事情。

亚洲最大的利益冲突是由谁来主导区域的发展

美国要利用日本、韩国和印度等国家来制衡中国。也只有在这个制衡博弈过程中，美国才能保持巨大的影响力。

如果按照这个框架去理解，自然会有人提出这样的问题，无论是钓鱼岛还是南海争端，谁是真正的最大受益者？有人明确指出，是美国在背后推动了上述争端，因美国不想看到中国主导亚洲。这是一个值得深入考虑的问题。

王尔德：那么中美两国在亚洲的利益冲突到底在哪里？

张宇燕：中美最大的利益冲突就在国际规则的制定权上。正如前面所说，规则制定权变化的背后是经济实力的变化。

在亚洲，中日韩三国经济贸易日益紧密，中国是日本第一大出口国，假如中日走到一起，签订自由贸易协定，那么其影响将不可估量。2012年中国GDP为8.2万亿美元，日本GDP大概5.8万亿美元，而欧元区17国的GDP大概是13.8万亿美元。换句话说，单是中日两国的GDP就超过了整个欧元区的整体水平。如果再加上韩国，那么中日韩三国的GDP就和整个欧盟甚至美国大致在一个水平上了。这反映出，亚洲可以在经济上发出很强的声音，真实地展现出当今世界地缘政治经济发生的深刻变化。

对于中美而言，最为重要的问题之一，是亚洲未来一体化的路线图由谁来主导。亚太未来发展有两个路线图：一个是亚洲区域经贸合作形成的

“10+1”（东盟10国分别与中国、日本、韩国3国）、“10+3”（东盟10国与中日韩3国）和“10+6”（东盟10国和中国、日本、韩国、印度、澳大利亚、新西兰6国）等合作机制，其中主要是“10+3”，核心是中日韩三个国家。注意，美国是被排除在前述合作机制之外的。另一个亚洲合作的路线图是美国所积极推行的跨太平洋伙伴关系协议（TPP）。TPP标准更高，涉及范围更广，有别于一般性的自贸协定，美国、澳大利亚、加拿大、新西兰、新加坡、越南、韩国、泰国、菲律宾、巴基斯坦和日本等多国已经加入TPP谈判。

我们看到两条路线同时在进行，最后的结果如何，我们现在还不知道。任何规则和制度都是非中性的。也就是说，同样的规则对不同国家的意义是不同的。路线图也好，规则设置也罢，关键是谁能通过主导一体化规则的设置来获取最大利益。在亚洲，中美两国最大的冲突是由谁主导制定地区发展规则。谁今天主导亚太，谁明天就可能主导全球。

王尔德：在不伤害两国的核心利益的前提下，中美两国如何共同发展？

张宇燕：中美两国的问题不可能一下子都解决，有些问题的重要性和紧迫性随着时间的流逝而下降，双方需要通过接触、交流和磨合来增进战略互信。所谓互信，除了能理解和把握对方的意图，还能对对方的行为做出相对准确的预期，遇到问题能找到双方可以接受的解决办法。比如，在国际贸易中，你制裁我的产品，你预测到我会反制裁你，即使我反制裁你，我也能预期，你也不会挑起更大规模的贸易战，这样大家可以控制冲突。有人从中美贸易摩擦中读到中美战略互疑；我则相反，认为这恰恰是战略互信的表现。

王尔德：随着美国重返亚洲战略的实施，亚太将重新成为中美两国战略利益的争夺集中点。您认为，美国在亚洲的核心利益是否有变化？如果有，那将是怎样的变化？

张宇燕：对所谓“美国重返亚洲”的说法，我一直不是很认同。美国什么时候离开过亚洲呢？在提出重返亚洲战略之前，美国在韩国和日本仍保留军事基地。虽然军队的人数可能少了一些，但是军事训练和武器质量都没改变。因此，近年来美国亚太战略的调整，我们只能说美国更加重视亚洲，美国全球关注的重点发生变化，开始从中东转移到东亚。

在我看来，这个过程，是很自然的事情，亚洲市场大、潜力大，未来世界经济的增长点在亚洲，尤其是东亚。

2011年9月，时任美国国务卿的希拉里在《外交政策》杂志上发表题为《美国的太平洋世纪》的文章，讲了美国看重亚洲的理由，既有经济原因，也有安全考虑。她写道："未来的政治将取决于亚洲，亚洲的增长和活力将构成美国经济和战略利益的核心。美国在亚洲的新伙伴中，中国最为引人注目。"美国"将继续把同中国的关系置于一个更广泛的地区性安全同盟、经济网络和社会纽带的框架之内"。

关于美国在全球的布局，有一个理论叫"离岸平衡"（offshore balance）。芝加哥大学教授米尔斯海默对此做了精辟的表述。该理论认为，美国再做全球性大国是不可能了，所以要保住战略重点。由于全球发展不平衡，假如某个国家在某些重点战略地区做大了，这时美国就要用其他国家来进行平衡，制约它的发展。所以当中国实力增强、在亚洲影响变大时，美国就要利用日本、韩国和印度等国家来制衡中国。也只有在这个制衡博弈过程中，美国才能保持巨大的影响力。

如果按照这个框架去理解，自然会有人提出这样的问题，无论是钓鱼岛还是南海争端，谁是真正的最大受益者？有人明确指出，是美国在背后推动了上述争端，因为美国不想看到中国主导亚洲。这是一个值得深入考虑的问题。

中国可在包容性发展问题上多做文章

王尔德："十八大"报告明确提出中国要"以更加积极的姿态参与国际事务，发挥负责任大国作用"，这种表述意味着我们告别了过去反应式的被动外交策略。那么，您认为中国应如何发挥负责任大国的作用？

张宇燕：以往我们说得多的是"我们反对……"、"我们不支持……"，但是现在我们提出要以积极姿态参与国际事务，发挥大国作用，参与全球治理，支持自由贸易等，让人感觉中国是要做实事。

"十八大"中提出的外交新表述是基于对整个国际形势的判断，即世界力量对比将朝着有利于维护世界和平的方向发展。

在发达国家来看，从柏林墙倒塌开始的上一轮的全球化过程中，新兴经济体尤其是中国受益了，中国得到了很多好处，但是没有负起相应的责任。

现在，新一轮全球化已然开始。与去全球化（de-globalization）不同，各个国家和地区的相互依存度仍在不断提高，这是一个"再全球化"（re-globalization）的过程。再全球化的实质是，发达国家运用国际规则和秩序的主导权，通过制定水平更高、执行更严的非中性规则，并让包括中国在内的发展中国家接受它们的规则，从而实现它们的利益最大化。

不难想见，发展中国家与发达国家将经常就这些非中性的规则进行讨价还价，而且这个过程也将越来越激烈。我认为，作为一个负责任的大国，中国应该在这个领域发挥更大和更多的作用。

王尔德：您曾经把美国的衰落称为"顶峰平台期的向下倾斜"，也有人把美国的这种状况称为美国衰而不落。未来十年，中国与美国既要争夺领导权，也要分享领导权，那么中国在获得世界领导权上有哪些具体路径？

张宇燕：很多年以前，我说过美国处于顶峰平台期的向下倾斜，事实证明也是如此。现在，美国是一个既成的大国，中国是一个崛起的大国，它们之间既有合作，也有冲突。作为全球两个最大的经济体，它们之间的激烈博弈，在所难免。这种局面也会持续很长一段时间。

具体到中国如何参与对未来世界的领导权，首先要回答的问题是如何定义领导权。

很多人将领导权定义为领导力（leadership）。所谓领导力，主要表现为理念和价值观层面。你能否提出一个好的想法，并且这个想法能被大家所接受，还能组织实施将之变成现实。在这一点上，中国目前的表现远非优秀，相对而言，美国等西方国家表现得更加成熟。

对领导权的第二种理解是经济上的主导权（dominance）。简单地说，它指的是在和平时期你能买多少东西。如果你能买的东西多，那在全球你就掌握了主导权。因为大家都生产，然后找市场，你的购买力强，大家对你的依赖程度就高，你讲的话就有人听，正所谓“物甲天下，就理甲天下”。

尽管2012年中国的进口增速放慢，但总额已将近2万亿美元，几年以后很可能超过美国。在引进外资上，中国在2012年上半年就已经是世界第一；2011年，中国海外投资已达700多亿美元，再过三五年我们对外投资额超过引进外资额，并不让人感到惊讶。随着中国在世界经济中主导能力的增强，中国在国际贸易、国际投资、区域及全球经济合作规则制定上，将会有很大的发挥空间，也将扮演更具影响力的角色。

领导权还特指政治安全上的领导权。在常规武器和核武器上，美国是占有绝对优势，是当今世界唯一的超级大国。在这方面，中国并不打算去争夺什么领导权，而主要是捍卫国家利益。“十八大”报告提出要“坚定捍卫中国主权、安全和发展利益，不能做任何让步”。我们可以视之为中国国家利益的内涵。

再者，领导权还体现在全球规则或者制度制定过程中的影响力，其中包括把自己的意志强加给其他国家的能力，也包括一国对国际体系而言是不是不可或缺的。比如在气候变化、清洁能源、粮食安全、全球贸易体系和金融体系等领域，中国已经在某种程度上成为不可或缺的国家。

需要强调的是，以上四个方面的领导权，在我看来，并无高下之分，它们的关系更像一个四边形，是相互联系和制约的。其中，特别需要强调的是，权力和责任是对等的，追求权力而不承担责任，是受到诟病的重要原因。

至于你说的实现领导权的具体路径，中国可以在包容性发展问题上多做一些文章。也就是说让更多的发展中国家分享到中国发展的果实，比如说中国可以向周边及非洲、拉美等发展中国家开放市场，甚至实行单方面的零关税政策，为它们提供更多的发展机会。

（本文载于《21世纪经济报道》2012年12月31日5版）

萨米尔·阿明：
中国需要在发展中国家中寻找盟友

萨米尔·阿明（1931年9月3日—），著名全球化问题专家，国际政治经济学家，依附理论的主要代表人物之一。1970年起出任联合国非洲经济发展与计划研究所所长。目前他是第三世界论坛（Third World Forum）理事长、另立世界论坛（World Forum for Alternatives）主席。著有《世界规模的积累》（1970年）、《不平等的发展》（1973年）、《帝国主义的危机》（1975年）、《帝国主义和不平等的发展》（1976年）等著作。

2012年12月上旬和中旬，当时已经81岁高龄的世界著名经济学家、新马克思主义学者萨米尔·阿明访华，并先后在重庆大学、清华大学做了精彩讲座，内容涉及“全球经济危机”、“资本主义体系的内爆”等重大主题。

在清华的演讲中，他提出，2008年的欧美金融危机是“新自由主义”的危机，这个融合了全球化和金融化的体系正在我们眼前“内爆”，“资本主义的秋天来了”。资本主义明显不能克服其日益严重的内部矛盾，注定要继续如脱缰野马，到处践踏。

2012年12月15日，本报记者就未来世界体系的发展以及中国未来的世界角色等问题，专访了萨米尔·阿明教授。

2008年的欧美金融危机无法消除

王尔德：根据您的研究，造成2008年金融危机的原因是什么？那次危机有哪些新的特点？

阿明：正如在清华的讲座中我讲到，当代资本主义世界体系的内爆是由于高速发展的金融业和发展缓慢的实体经济之间的冲突造成的，这个冲突在2008年爆发了一次，未来还会继续爆发。在可见的未来，这一危机无法被消除。我认为，这不是资本主义的市场制度出了危机，而是资本主义本身陷入了危机。

金融危机虽然已经过去，但是资本主义世界做了哪些自我修复和调整？他们没有，危机还在持续增长。世界形势也没有变化。

不得不提的是，在这轮新的危机及其效应中，中国发挥着重要作用：它以自己的方式参与了全球化，但同时却抗拒着西方的金融资本主义，它的强势崛起给了美国和西方巨大压力，为重塑国际关系、寻求新的全球规则打开了可能。例如，中国在非洲许多国家是极受欢迎的，中国一直都愿意给予非洲基础设施和把非洲工业化，这是西方殖民者从来不想去办的。

如何理解资本主义的演变和未来

王尔德：您在清华演讲时说，资本主义的秋天来了。实际上，从20世

纪“二战”以来，资本主义的发展也经历了很多关键的节点和调整，比如1973～1975年的资本主义经济危机，1998年的亚洲金融危机，2008年的欧美金融危机。每一个时间节点上，资本主义都做了相应的内部调整，这也意味着它自身也处在一个不断的自我修正和演变的过程中。换句话说，资本主义的概念也处在不断地生成过程当中。那么您如何理解资本主义的演变和未来？

阿明：我认为抽象地讨论资本主义是没什么用的，因为我们已经有了以下抽象的定义：第一，资本主义已经被马克思清晰地定义过了，它基于剩余劳动力系统，最后演变成劳动力对抗资本以及资本对劳动的剥削，这个定义在资本主义的整个历史过程来看都是正确的。这是一个笼统的概念，我们要看到资本主义的不同维度，当代资本主义与19世纪，甚至20世纪的资本主义都是不同的。

谈论资本主义，必须提及社会主义。马克思没有论及社会主义，他只提到了共产主义，但是没有完整地定义它，马克思只是把它视为一种更高等级的文明，而并不是某种和资本主义相似的生产方式，同时它具有更高的效率和公正性。它也处在和资本主义的对抗之中，劳动创造了价值，也创造了共产主义的意义。马克思认为共产主义是一个漫长的过程，正处在一个准备的过程中，是在工人阶级在与资本主义做斗争的过程中创造出来的。

马克思的第二个重要观点是，从资本主义向共产主义过渡的过程是非常漫长的，不是一场根除资本主义、建立共产主义的简单革命就能够完成的。他本人，以及很多后来的人，把这个无比漫长的过程称为社会主义，所以我们意识到社会主义是一个漫长的过程，或者长达数百年。马克思说过在社会主义这条长路的第一阶段，社会主义将会从原本嵌入在资本主义中的状态逐渐脱离出来，这个过程会伴随着很多资本主义的特征的保留。

没有所谓的纯粹的社会主义。社会主义是一个转化的过程，包括资本主义的组织方式和新生事物之间的结合和斗争，并且在资本主义向共产主义转化的这个漫长的过程中，我们不应把社会主义视为我们可以给之下定义的概念，比如苏联的定义，或者计划经济，等等。这些都是发展社会主义的工具，我们视之为一个转变，仅此而已。我认为我们应该关注社会主义以及共产主义的观点在现实中是如何表现的。

要理解这一点，我们需要认识到资本主义的世界扩张是在被极化的，资本主义的世界扩张加剧了资本主义权力中心与亚洲、非洲、拉丁美洲等国家之间的差距和不平等的发展。对于资本主义有一种理解是这样的——这一理解已经被历史证伪了——即从生产力的角度说，最不发达的国家会逐渐向位于权力中心的资本主义国家靠拢，世界会因此而趋同；然而现实却正相反，资本主义扩张带来的是严重的两极分化问题。

两极分化造成的结果，也是20世纪所发生的基于人们的利益引发的多次革命。而两极分化也造就了美国、欧洲、日本和世界上其他屈从于它们的国家。我们回顾20世纪，看看这些革命是如何发生的，俄罗斯始于1905年，中国始于1911年，还有20世纪30年代的墨西哥，等等。

俄罗斯和中国需要完成两个难以同时实现的任务：一是创造不同于资本主义的，基于平等、由工人阶级自主的新的生产模式；二是发展生产力，从农业社会朝工业社会迈进。正是这第二个任务再次带入了资本主义的维度，因为如果你想要赶上别人，就必须从模仿开始，而模仿不可能仅仅是技术层面的，也会包括社会关系以及生活方式。正如我们今天看到的北京，在消费模式、人们的行为、工作的种类等方面和其他西方大城市十分相似一样。

至于说，社会主义和资本主义的概念在未来会不会发生改变？当然会，但是我不知道会怎样改变。当有新的人加入到抗争中来时，为对抗金融系统的国际化和帝国主义做出革命性的贡献，这个过程会为社会主义的实现带来新的可能性。

为什么中国比巴西成功

王尔德：实际上，正如大家对资本主义和社会主义存在诸多理解一样，不同的人对当代中国的经济社会发展的现状和成绩的分析也有不同的认识。您如何看待当代中国的社会经济发展？

阿明：新兴国家的性质难以简单定性，是一种复杂的混合体，具有相辅相成的两个方面，这两个方面具有一定的内在张力，在不断冲突着。在经济管理上遵循的是资本主义的逻辑，而在社会和政治管理上则遵循着社会主义的逻辑。

很多人，特别是西方国家的，对中国容易简单地定性，我认为这种认识都是错误的、非常肤浅的。中国正处于转型期。

对比中国和巴西，我们会发现，两个国家可以说都是国家控制大多数的重要产业，如金融系统等。但在社会层面，中国和巴西却非常不同。当然，中国社会存在着种种不平等，但是没有贫困化，没有人在变得越来越穷，所有人的生活都是在改善的，只不过有些人改善的程度非常大，有些人非常小，而领导者也在试图改变这些不平等，如“十八大”提出的社会保障、教育、卫生、养老、住房、交通等措施旨在缩小城乡间的不平等；而在巴西，不平等与贫困化却是同时存在。

为什么中国是如今的样子？为什么中国和巴西不同？因为中国有过一个革命，中国20世纪80年代到90年代经济发展的成功，正是由于你们有过这样一个革命。这里有两个重要的基础特点：一是农村土地非私有化，它是由农村集体共有的，这是最关键的一点，到现在依然如此，土地不能被随意买卖；二是当中国在20世纪90年代随着开放出口开始加入全球化中时，中国的金融体系却并没有全球化，政府仍然控制着人民币以及国内的银行，并且不允许外资银行随意妄为。这是中国的两大最基础特征，也是它成功的原因。

而巴西的金融体系是全球化了的。所以目前中国要做的就是维持这两个特征。如果中国放弃农村土地的集体所有制，就会变成巴西那样。在巴西，仅有11%的人口是农村人口，因为土地的私有化使得很多农民放弃了土地搬入了城市。巴西的城市人口中现在有半数是这样从农村搬到城市的，他们是社会中最穷的群体，住在贫民窟，没有工作。这样的情况没有发生在中国就是因为你们的土地是归集体所有的，政府能够控制从农村进入城市的人口数量。要想避免贫困化，长时间地维持这个控制是非常重要的。

另外需要指出的一点是，全球资本主义已经进入了一个从金融系统开始的内爆期，欧债危机就是其中之一。这样的结果是，如果中国现在进入到金融体系的全球化中，中国也会受到损害。所以持续在金融全球化之外同样重要，可以把发展的重点从出口转移到拉动国内市场上，从东部转移到西部，这也是你们现在正在做的。

建议中国永远不要参与金融全球化

王尔德：中国已经成为全球第二大经济体，有不少学者对中国的经济前景表示乐观，并预测2020年左右中国有望成为世界第一大经济体。那么当中国成为世界第一大经济体时，会对世界格局产生怎样的影响？

阿明：很难讲。这是我所希望看到的，中国在持续发展后能够实现的，但这有可能会在中国引发错误的观念，即因为你的经济已经是第一了，你便可以从金融全球化中受益。这是不对的，因为一旦加入，中国就会受到金融危机的影响。继续向着全球第一大经济体迈进，但是永远不要参与到金融全球化当中去。这是我最核心的观点。

中国一直承受着来自国内外的推动其加入金融全球化的压力，在外来自美国，在内来自新自由主义。贸易和金融是不一样的，在20世纪90年代，中国出口的增长率一度高于GDP的增长率，现在需要采取的策略是发展国内市场，让GDP增长率高于出口增长，不仅仅是针对有钱人和中产阶级来说的国内市场，还包括针对大多数人的市场，不论在城市还是农村。

现在有人说，特别是美国，说让我们来实现G2吧，美国和中国，我们是最强大的，所以我们应该一起来管理这个世界。这是一个非常危险的陷阱，因为这会将中国与除了美国的其他国家对立起来，而这就违背了让世界向多极化方向发展的努力。中国是一个很大很重要的中心，但是其他地区，包括最落后的地区，它们也有它们的权利。这是一个巨大的陷阱，因为由于中国的崛起，越来越多的冲突其实是集中在中美之间的。由美国、欧洲、日本组成的“帝国三角”比其他国家包括中国都要优越的地方，是他们拥有并且还在不断争取，对地球上有利于他们发展的自然资源的独占。

如今中国作为一个崛起中的大经济体，也需要这些资源，这就是冲突的缘由。美国对伊拉克、伊朗及埃及等的行动，都是为了通过军事手段获取这些资源。另外，这三大帝国集团也在控制对新技术的使用。中国现在一方面在引进技术，另一方面也在自己改造甚至研发，而这也是中美冲突的缘由之一。

中日钓鱼岛之争，站在日本背后的就是美国，并不是说日本不好美国好，日本的背后就是美国，没有美国的支持，日本根本无法发展。如何降低这种冲突可能带来的风险，甚至可能是战争的危险，就是要打造一个多极化的世界。中国需要在发展中国家中寻找盟友，这对中国来说非常重要。中国可以为南部国家提供西方国家所不能提供的帮助，未必是直接金钱上的援助，而是在基础设施建设上给他们提供科学技术上的指导，帮助他们实现工业化，并以此来交换中国需要的自然资源，这就是“南南合作”的互惠互利。

王尔德：2012年12月14日，您在清华大学演讲时，呼吁第三世界国家应该联合起来，以新的国际主义原则，进行新的“南南合作”。那么，在新的国际形势下，您如何理解未来的国际主义？

阿明：我认为，目前，中国和俄罗斯都在独自前行，并且承受着来自西方社会的敌意。如今，我们需要的是将北部国家和南部国家的工人阶级团结起来，这一点非常重要，特别是首先与南部国家的人民达成统一战线，这是我所说的我们需要的国际主义。

举个具体的例子，欧元体系在崩塌，欧盟自救的方法是让欧洲的百姓来埋单，特别是那些来自较弱的欧洲国家的人：希腊、西班牙、葡萄牙、意大利。现在是来自这些国家的人们和整个欧洲体系之间的对立，中国应该如何行动？要么中国帮助欧元渡过危机——与主导的右翼势力站在一起，和欧洲人民对立，要么是和欧洲的人民站在一起。我认为前者是实用主义的短视选择，后者才是长久之计。

（本文载于《21世纪经济报道》2012年12月31日特6版）